Kira Niklas, Jean-Luc van Heckeren,
Stephan Rathgeber

NEW HIRING

Ein neues Bewusstsein im Recruiting

Lektorat: Yee Wah Tsoi, Sabine Brockmeier, Frank Richarz

Illustriert von: Uwe Habicher

Satz & Layout: Manuel Vazquez

ISBN Hardcover: 978-3-347-64896-8

ISBN E-Book: 978-3-347-64897-5

Druck und Distribution im Auftrag des Autors:
tredition GmbH, Halenreie 40-44, 22359 Hamburg, Germany

Vorwort: Warum wir eine Evolution im Recruiting brauchen

Wir leben in einer Zeit, die einmal in die Geschichtsbücher eingehen wird. Die erste weltweite Pandemie der Neuzeit hat den derzeit stattfindenden Paradigmenwechsel in der Gesellschaft zwar nicht bewirkt, aber maximal beschleunigt.

Am deutlichsten spürbar ist er in der Arbeitswelt. War New Work vorher mehr ein Buzzword als ein Konzept, das wirklich gelebt wurde, hat die Realität die Vision eingeholt: Wo wir sind, ist unser Büro. In Kombination mit den globalen Megatrends Individualisierung und Digitalisierung, dem starken Bedürfnis der Generationen Y und Z nach sinnstiftenden Aufgaben und dem bevorstehenden Ausstieg der Babyboomer:innen aus dem Arbeitsmarkt hat uns diese Dynamik in ein neues Zeitalter katapultiert.

Die Jahre, in denen Unternehmen sich die Rosinen aus dem Talentpool heraussuchen und Arbeitsmodelle einseitig festlegen konnten, sind vorbei – zum Glück. Leistungsdenken, Karriere und Konkurrenzkampf weichen einem neuen Verständnis von Arbeit, Faktoren wie Gestaltungsmöglichkeiten und Vereinbarkeit von Beruf und Privatleben treten in den Vordergrund. Status hängt nicht mehr von Gehalt und Titel ab, Lebenszufriedenheit und Flexibilität sind wichtiger als Aufstieg, E-Lastenbikes ersetzen den Dienstwagen. Gleichzeitig verschmelzen die Grenzen zwischen Beruf und Privatem immer mehr und werden zu einem harmonischen Miteinander: Work-Life-Blending ersetzt Work-Life-Balance. Der fließende Übergang und der jetzt nahtlos mögliche Wechsel zwischen beiden Welten schaffen neue Möglichkeiten der Selbstbestimmung.

Damit haben sich auch die Machtverhältnisse am Arbeitsmarkt nachhaltig verschoben. Er hat sich vom Angebots- zum Nachfragemarkt gewandelt: Nicht die Arbeitnehmer:innen bewerben sich, sondern die Unternehmen. Jedes zweite Unternehmen hat heute Schwierigkeiten, offene Stellen zu besetzen (Forsa, 2022a). Und die Lage wird sich dramatisch verschärfen: Durch den Wegfall der geburtenstarken Babyboomer:innen-Jahrgänge scheiden bis 2035 insgesamt fünf Millionen Beschäftigte aus (IW, 2021). Während die einen in Rente gehen, laufen die anderen weg. Denn Beschäftigte suchen sich heute Arbeitgeber:innen, die auch kulturell zu ihnen passen.

Neue Realitäten brauchen neue Lösungen. Unsere Lösung heißt New Hiring — ein neues Verständnis von Recruiting, das ein zeitgemäßes Verständnis von Arbeit lebt und es übersetzt in zukunftsfähige Konzepte, Methoden und Tools. Denn eines steht fest: Auch in der Personalbeschaffung ist nichts mehr, wie es einmal war. Mit den Routinen und Rezepten von gestern erreichen Unternehmen die begehrten Talente nicht länger. Sie funktionieren schlicht nicht mehr. Es bedarf nun einer sinnvollen Evolution der bisherigen Ansätze und Tools, um sich den Herausforderungen unserer Zeit erfolgreich stellen zu können.

New Hiring ist unsere evolutionäre Antwort auf New Work. Im Fokus stehen dabei der Mensch und seine individuellen

Bedürfnisse. Die perfekten Mitarbeiter:innen sind nicht immer die mit dem perfekten Lebenslauf. Sie sind diejenigen, bei denen auch die Chemie stimmt, bei denen Bauch und Kopf gleichermaßen ja sagen. Damit wird eine starke, inspirierende, transparente und integrative Unternehmenskultur zum entscheidenden Erfolgsfaktor, um im Wettkampf um kluge Köpfe zu punkten.

Was wir unter New Hiring verstehen und wie man es im Alltag umsetzt, darum geht es in diesem Buch. Es soll informieren und inspirieren, zum Nachdenken anregen und konkrete Veränderungen anstoßen. In diesem Buch fassen wir zusammen, was wir in den letzten Jahren unserer Recruiting- und Führungspraxis gelernt haben.

Das Buch richtet sich an:

- Recruiter:innen
- Führungskräfte
- Headhunter:innen und Personaldienstleister:innen
- sowie an alle, die sich mit Fragen der Personalgewinnung beschäftigen.

Und auch wenn es in erster Linie für die Arbeitsebene geschrieben ist, wünschen wir uns, dass seine Message auch von der Geschäftsführung gehört und verstanden wird.

Denn nur Unternehmen, die Recruiting hier strategisch verankern und seine Bedeutung für ihren Erfolg verinnerlichen, werden langfristig wettbewerbsfähig bleiben können — und von produktiven, glücklichen und kreativen Mitarbeiter:innen profitieren.

Wir wünschen eine inspirierende Lektüre!

Kira Niklas, Jean-Luc van Heckeren und Stephan Rathgeber

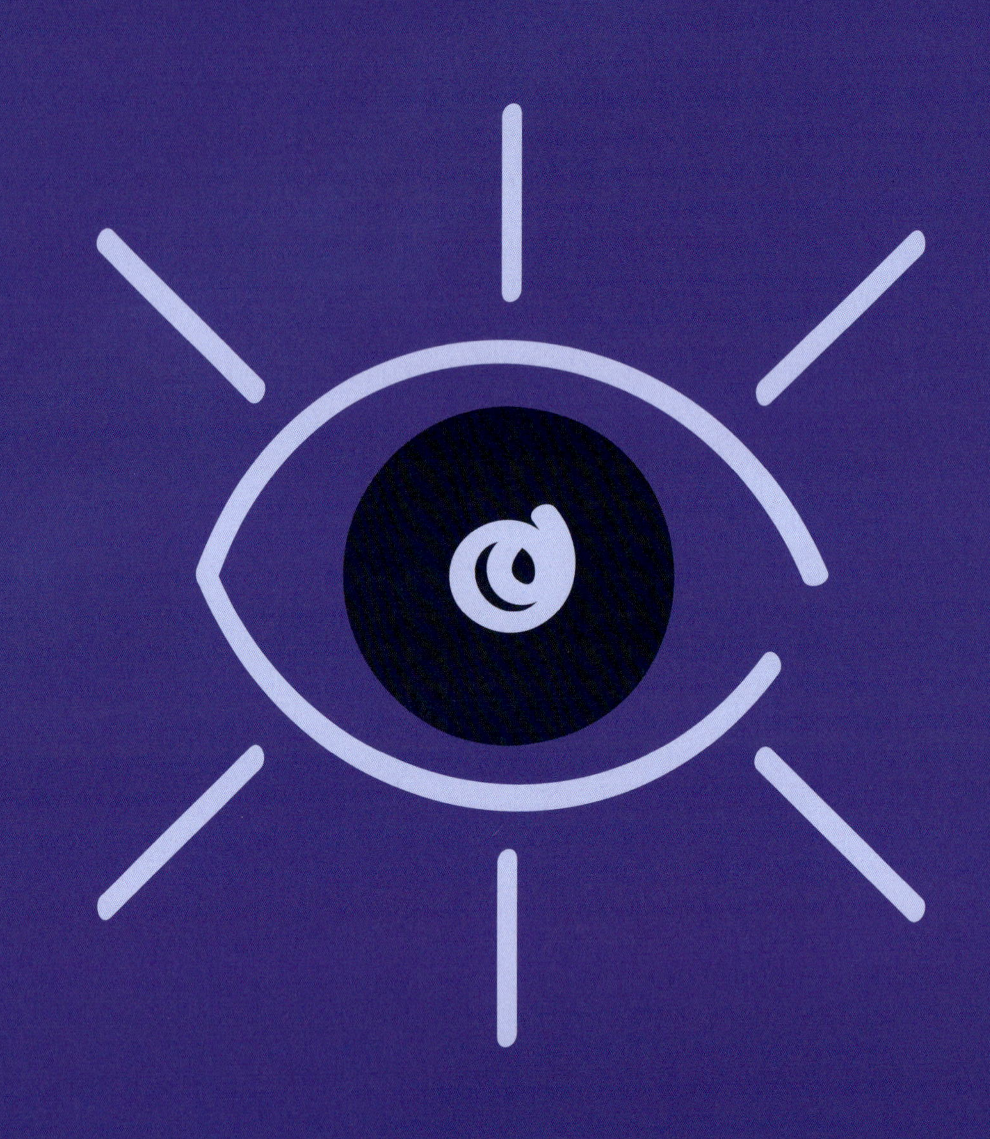

Über die Autor:innen

Kira Niklas

Kira ist New Hiring Ambassador der NEW WORK SE und Team Lead im TalentService von XING. Aus ihrer Praxis als Recruiterin, Trainerin und als Führungskraft, u. a. bei Kühne + Nagel, ABOUT YOU und aktuell bei der NEW WORK SE weiß Kira, wie wichtig es ist, Talente nicht nur als Lebenslauf zu sehen, sondern als Menschen mit allen Facetten. Diese mit den wirklich passenden Unternehmen zusammenzubringen und weiterzuentwickeln, das ist ihr Antrieb. Daneben ist Kira zertifizierte Coachin und Speakerin für die Themen Active Sourcing, Employer Branding, New Work und Diversity. Als glückliche Wahl-Hamburgerin liebt Kira Wassersport und alles, was mit Wasser zu tun hat — wenn nicht in Hamburg, dann am liebsten in Portugal.

Jean-Luc van Heckeren

Jean-Luc ist Recruiting und Employer Branding Enthusiast und leitet das Vertriebsteam Strategic Enterprise bei XING E-Recruiting in Hamburg. Zusammen mit seinem Team verhilft er Kund:innen von XING E-Recruiting zum Erfolg und begleitet sie täglich mit Leidenschaft auf ihrem Weg ins New Hiring. Jean-Luc blickt auf jahrelange Erfahrung aus dem Recruiting-Trainings und Digital Learnings Bereich der NEW WORK SE zurück und ist Experte für New Hiring. Neben seiner Rolle als Führungskraft, ist er auch als Trainer, Coach und Mediator tätig. Darüber hinaus bloggt Jean-Luc in seinem HR-Blog recruitingzirkus.de. Sein Ausgleich ist der Triathlon. Als baldiger Papa verbringt Jean-Luc besonders viel Zeit mit seiner Familie und seinem Hund Pauli.

Stephan Rathgeber

Stephan ist Director des TalentService von XING bei der NEW WORK SE und bringt eine nachgewiesene Erfolgsbilanz in Innovation und Execution in verschiedenen Rollen bei Siemens Healthineers, ManpowerGroup, Hays und XING mit. Seine Themen sind Führung, Recruiting, New Work und Digitalisierung. Was ihn antreibt ist, einen positiven Einfluss auf Menschen und Strukturen zu haben. Er liebt es zu führen. Er liebt Menschen. Sie sind seine Motivation. Er glaubt, dass diese Denkweise das Rezept für großartige Ergebnisse ist. Ein wesentlicher Teil seines Ansatzes besteht darin, Menschen zusammenzubringen und sie zu befähigen, ihr volles Potenzial auszuschöpfen. Stephan hat zwei Söhne, wohnt in Erlangen und ist leidenschaftlicher Handballer und Hobby-Gärtner.

Kapitel 1

New Hiring: Culture

Think forward: Aus New Work entspringt New Hiring

„New Hiring“ (abgeleitet vom englischen „to hire“, zu Deutsch „einstellen“) ist die evolutionäre Recruiting-Antwort auf New Work. Die wichtigste neue Spielregel lautet: New Hiring stellt den Menschen in den Mittelpunkt. Der moderne Recruiting-Ansatz verbindet den Menschen mit Prozessen, Technologie und Daten — über den gesamten Recruiting-Prozess und sämtliche Recruiting-Disziplinen hinweg:

- Employer Branding
- Passive Recruiting
- Active Sourcing
- Bewerber:innen-Management (bzw. Kandidat:innen-Management)
- On- und Offboarding
- Talent Pooling
- Mitarbeiter:innenempfehlungen
- Retention Management
- und Data Analytics und Reporting

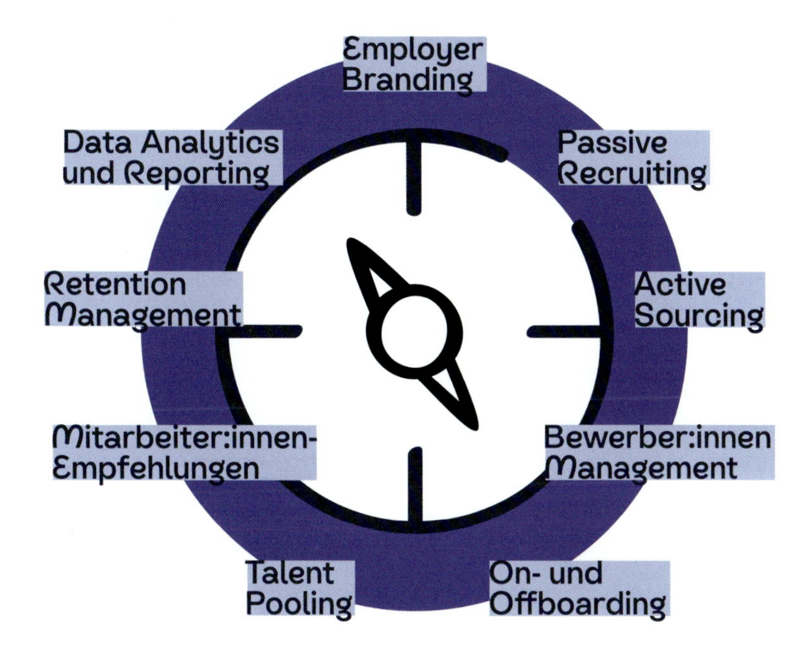

Der neue Fokus auf das Individuum schlägt sich in den einzelnen Disziplinen wie folgt nieder:

Employer Branding: Unternehmenskultur ist essenziell

Passen das Unternehmen und seine Werte zu mir? Für immer mehr Menschen wird der Cultural Fit zum entscheidenden Kriterium. Besonderen Wert legen sie auf selbstbestimmtes Arbeiten, die Möglichkeit, die eigenen Talente entfalten zu können sowie auf eine offene, von Vertrauen, Respekt und Wertschätzung geprägte Kommunikation. Diese Werte formen die Unternehmenskultur und sind der Schlüssel zu einer attraktiven Employer Brand. Damit begeistern Unternehmen Talente und gewinnen diese für sich.

Passive Recruiting: Die Stellenanzeige als Schaufenster der Unternehmenskultur

Auch in Zeiten von New Hiring sind Stellenanzeigen oftmals der erste Touchpoint zwischen Unternehmen und Talent. Nur muss heute Employer Branding bereits in der Stellenanzeige stattfinden. Anders als früher darf die Stellenanzeige keine Bewerber:innen-Wunsch/-Anforderungsliste sein, sondern ein Schaufenster für die Arbeitgeber:innenqualitäten und somit eine Chance, sich und die heute wichtigen Bewerber:innenansprüche zu präsentieren.

Unternehmenskulturelle Aspekte sollten neben der üblichen Angabe klassischer Mitarbeiter:innenvorteile eine wichtige Rolle in der Stellenanzeige spielen: Gerade Unternehmen, die an weniger attraktiven Standorten sitzen, können hier durch die Angabe von Remote-Angeboten und weiteren Benefits punkten. Wichtig im New Hiring: Die Stellenanzeige sollte es den Betrachter:innen ermöglichen, bereits einen initialen Cultural-Fit-Abgleich machen zu können.

Active Sourcing: Gezielt und individuell auf Talente zugehen

Wer wartet, bis die passenden Bewerber:innen an die Tür klopfen, hat schon verloren. Besser fahren Unternehmen, die gezielt nach passenden Talenten suchen und diese proaktiv ansprechen, persönliche Kontakte aufbauen und einen Pool bilden. So gewinnt man die besten Köpfe für sich und kennt geeignete Kandidat:innen bereits, wenn eine Stelle besetzt werden muss.

Moderne ATS-Systeme, Analytics-Technologien, Tools wie der TalentManager von XING und intelligente Services wie der TalentService unterstützen dabei, potenzielle Bewerber:innen unmittelbar anzusprechen, die Unternehmenswerte vorzustellen, den Candidate Fit abzuklopfen und mit einer nahtlosen, transparenten Candidate Journey zu überzeugen. Auch mit vielversprechenden Bewerber:innen, die noch nicht gleich für das Unternehmen gewonnen werden können, sollten Unternehmen in Kontakt bleiben und sie über unternehmenskulturelle Entwicklungen informieren.

Bewerber:innen- bzw. Kandidat:innen Management: Nahtlose Candidate Experience wird zum Schlüsselfaktor

Je schwieriger die Suche nach passenden Talenten ist, desto wichtiger wird ein intelligentes Bewerber:innen-Management, das zeitfressende administrative Aufgaben wie das Erstellen von Bewerber:innenprofilen oder die Prüfung von Bewerbungen radikal vereinfacht und beschleunigt. Dabei gewinnen auch Künstliche Intelligenz und Machine Learning immer mehr an Bedeutung.

Leistungsfähige Tools automatisieren den gesamten Prozess, unterstützen Active Sourcing und tragen dazu bei, die time-to-hire um über 30 Prozent zu verkürzen — und damit auch die Cost-per-Hire zu senken (XING E-Recruiting, 2021a).

Dazu kommt: Kein Unternehmen kann es sich leisten, Bewerber:innen im Bewerbungsprozess zu verlieren. Dennoch sind 40 Prozent der Bewerber:innen schon einmal wegen schlechter Kommunikation seitens des Unternehmens abgesprungen, obwohl sie Interesse an der Stelle hatten (XING E-Recruiting, 2021b).

Somit ist die Candidate Experience ein Schlüsselfaktor im New Hiring. Unternehmen müssen intelligentes Bewerber:innen-Management nutzen, um die Candidate Journey konsequent an den Bedürfnissen der Bewerber:innen auszurichten und sie an jedem Kontaktpunkt zu überzeugen: mit einem nahtlosen und transparenten Prozess und attraktiv gestalteten Touchpoints, die eine positive Candidate Experience schaffen. Dazu gehört auch, dass Bewerber:innen frühzeitig ihr künftiges Team kennenlernen. Im New Hiring nennt man Bewerber:innen aufgrund der veränderten Rahmenbedingungen nun besser Kandidat:innen oder einfach Talente. Aus Bewerber:innenmanagement wird also Kandidat:innenmanagement (engl. Talent Management). Mehr dazu in *Kapitel 2: „Mindset — der entscheidende Erfolgsfaktor“*.

On- und Offboarding: Neue Herausforderungen, neue Chancen

Die Verweildauer von Mitarbeiter:innen in Unternehmen hat über die vergangenen Jahre stetig abgenommen. Dementsprechend gehören das On- und Offboarding von Mitarbeiter:innen zum Unternehmensalltag und bedürfen hoher Aufmerksamkeit. Während der Pandemie stellte „Remote Onboarding“ Führungskräfte und neue Mitarbeiter:innen vor neue Herausforderungen, da es oftmals aufwendiger war als der Start im Büro. Die Mühe und die Zeit lohnen sich jedoch, da sie sich langfristig positiv auf die Zufriedenheit der Mitarbeiter:innen auswirken.

Im New Hiring kommt auch dem Offboarding eine neue Bedeutung zu. Dabei ist der fortlaufende Wissenstransfer besonders wichtig. Jedes Ausscheiden aus dem Unternehmen bietet auch die Chance auf eine Rückkehr. Daher engagieren sich viele Betriebe beispielsweise im Alumni-Management oder laden zu Events ein. Insofern ist ein professionelles Offboarding auch ein Schritt in Richtung Talent Pooling.

Talent Pooling: Wichtiges Werkzeug für gezieltes Talent-Management

Verstand man früher Talent Pooling als das bloße Sammeln und Abspeichern der Kontaktdaten von Kandidat:innen, bildet Talent Pooling im New Hiring den Anfangspunkt für ein gezieltes Talent-Management. Je rarer die Talente auf dem Arbeitsmarkt gesät sind, desto wichtiger wird die Option, auf bestehende Kontakte zurückgreifen zu können und nicht bei jedem Recruitingprozess von vorne anfangen zu müssen.

Ein wichtiger Aspekt ist dabei die „Querverteilung“ von Talenten: Auch wenn ein:e Kandidat:in nicht hundertprozentig auf eine Stelle passt, so ist sie/er dank Talent Pooling nicht verloren, sondern kann gegebenenfalls an anderer Stelle vermittelt werden. Der Einsatz digitaler Tools erlaubt es Recruiter:innen, Talente sinnvoll zuzuordnen und fortlaufend mit ihnen zu kommunizieren, sei es automatisiert oder manuell.

Mitarbeiter:innenempfehlungen: Gute Leute kennen gute Leute

Durch Referral-Programme können Mitarbeiter:innen passende, talentierte Kontakte aus ihrem persönlichen Netzwerk für eine offene Position empfehlen. Dabei sind Referral-Programme eine smarte Ergänzung zu klassischen Stellenanzeigen und bieten diverse Vorteile. Im New Hiring wächst die Bedeutung von Mitarbeiter:innenempfehlungen als erfolgsversprechendem Kanal, bieten Empfehlungen doch eine besonders gute Möglichkeit, den Cultural Fit erstmals abzuklopfen.

Retention Management

Das größte Gut heutiger Unternehmen sind ihre Mitarbeiter:innen. Deshalb ist es umso wichtiger und erfolgsentscheidend, wie stark man Talente begeistern und an sich binden kann. Wurde früher lediglich die Fluktuationsrate gemessen, so ist Retention Management heute eine ganzheitliche Betrachtung der Bedürfnisse von Talenten. Mehr denn je verlassen Mitarbeiter:innen häufig nicht mehr eine Firma, sondern viel mehr ihre Führungskraft. Deshalb sollte Retention Management im New Hiring oberste Priorität von Führungskräften sein.

Data Analytics und Reporting: Vom Nebel zur Erkenntnis

Die neugewonnene Transparenz durch Data Insights und Reportings erlauben es den Anwender:innen digitaler Tools heute, ihre Personalarbeit auf Datenbasis stetig weiterzuentwickeln und zu verbessern. Dazu kommt: Die Ansprüche der HR-Stakeholder:innen, allen voran der Fachabteilungen und der Geschäftsführung, haben sich geändert. Was gemessen werden kann, möchte auch gemessen und selbstständig eingesehen werden: Klickverhalten, Ansprache, Response und Conversion Rates – gefragt sind im New Hiring Tools und Dashboards, die alle Datenpunkte entlang des Recruitingprozesses steuern und so auf einen Blick offenlegen, was gut läuft im Prozess und was optimiert werden kann.

Eines haben die Neuerungen gemeinsam: Sie zeigen, wie wichtig es im New Hiring für Unternehmen ist, die eigenen Recruiting-Prozesse kritisch zu hinterfragen und mit Blick auf die Bedürfnisse der Talente zu optimieren.

Es lohnt sich: Mit New Hiring wird Recruiting für jedes Unternehmen zum strategischen Erfolgsfaktor.

Der Einfluss von New Work auf New Hiring

Im folgenden Abschnitt geht es darum, welche Elemente der modernen Arbeitswelt auf „New Work“ zurückzuführen sind und das Recruiting von heute und morgen mitgestalten. Sie alle haben einen großen Einfluss auf die Art und Weise, wie zukünftig Mitarbeiter:innen gefunden, begeistert und gebunden werden. Darüber hinaus bieten sie neue Chancen, Recruiting-Prozesse ehrlicher und wirksamer zu gestalten.

Neue Arbeitskultur

Die Arbeitskultur befindet sich in einem stetigen Wandel und erfordert von Mitarbeiter:innen einen offenen Umgang mit Veränderungen. Die Digitalisierung und unvorhersehbare Ereignisse wie z. B. die Pandemie zwingen Unternehmen dazu, Prozesse und Aufgaben zeitnah an die schnelllebige Welt anzupassen. Gleichzeitig findet eine Veränderung in der Denkweise der Arbeitnehmer:innen statt: Immer seltener werden Unternehmen als lebenslange Arbeitgeber:innen in Betracht gezogen. Getreu dem Motto „love it, change it, or leave it" steigt das Verlangen nach individuellen Gestaltungsmöglichkeiten und der Berücksichtigung individueller Wünsche und Bedürfnisse sowohl bei der Arbeitsweise, als auch bei den Unternehmenswerten. Werden Veränderungswünsche nicht aktiv berücksichtigt, verfestigt sich der Gedanke nach einer externen Weiterentwicklung — und das lässt die aktuelle Arbeitsmarktsituation jederzeit zu.

Leadership

Erwiesen ist, dass die Art der Führung durch die Vorgesetzten einen starken Einfluss auf das Wohlbefinden und die Zufriedenheit der Mitarbeiter:innen am Arbeitsplatz hat. „Man kommt wegen des Jobs und geht wegen des Chefs", lautet eine altbekannte Redewendung, die von einer aktuellen Forsa-Studie

(Forsa, 2022b) bestätigt wird. In der neuen Arbeitswelt ist die Rolle der Führungskraft jedoch komplexer geworden.

Von Führungskräften erwartet man nun ein vielfältiges Set an Fähigkeiten, unter anderem weil manuelle Prozesse durch die Bedienung moderner Tools abgelöst werden. Auch stellen „hybrides Arbeiten“ und „steigende Transparenz“ neue Herausforderungen für die Führungskräfte dar.

Der Balanceakt zwischen räumlicher Distanz und einer vertrauensvollen Beziehung erfordert Fingerspitzengefühl und Gesprächskompetenz. Die Mitarbeiter:innen erhalten einfacher und schneller Informationen zu Themen wie Gehalt und Entwicklungsperspektiven. Dies führt zu mehr Gesprächen, in denen klare Forderungen gestellt werden. Eine besondere Herausforderung stellt im New Hiring Leadership die wachsende Bedeutung der Feedbackkultur dar. Die Bewertung der eigenen Arbeit durch die Führungskraft wurde schon immer als wichtig empfunden, in der neuen Arbeitswelt ist die Bedeutung jedoch noch weiter gestiegen. Es wird mehr Feedback eingefordert und Führungskräfte haben neue Möglichkeiten, direkt Rückmeldung zu geben, z. B. über mobile Tools wie Slack.

Bei der Einstellung von Talenten haben Führungskräfte heute die Möglichkeit, Talente auf verschiedenen Wegen zu begeistern. Die Nutzung von Social Media zur Vermittlung des eigenen Führungsstils und der eigenen Motivation schenken der

Führungskraft Glaubwürdigkeit und erhöhen die Identifikation als zukünftige Vertrauensperson.

Im New Hiring geht es nicht nur um die nachhaltige Einstellung von Talenten, sondern auch um die langfristige Bindung von aktuellen Kolleg:innen. Führungskräfte im Sinne von New Hiring haben frühzeitig einen Blick für Veränderungs- und Entwicklungspotenzial. Hierzu gehören z. B. individuelle Entwicklungspläne, Coaching-Techniken oder auch simulierte Exit-Gespräche, um einer Kündigung rechtzeitig vorzubeugen.

Collaboration

Die Identifikation mit Kolleg:innen spielt auch in der neuen Arbeitswelt eine große Rolle. Mitarbeiter:innen streben im System eines Teams nach einem Wir-Gefühl. Heute sitzen Mitarbeiter:innen nicht mehr fünf Tage pro Woche nebeneinander. Während ein Teil es bevorzugt, verstärkt aus dem Home Office zu arbeiten, finden sich oftmals kleinere Gruppen im Büro zusammen, die den direkten Austausch bevorzugen. Eine Interaktion in Form von virtuellen Meetings hat sich in den letzten Jahren bewährt, erfordert jedoch auch eine gut geplante Struktur und gerecht verteilte Redeanteile.

Im Einstellungsprozess ist es für potenzielle neue Kolleg:innen wichtig, das zukünftige Team rechtzeitig kennenzulernen. Durch moderne Meeting-Tools kann dies einfach und von überall aus stattfinden. Besonders spannend ist hierbei, dass zukünftige

Kolleg:innen nicht zwangsläufig in der gleichen Stadt oder im gleichen Land arbeiten müssen. Der Kolleg:innenkreis lässt sich im Sinne des New Hirings also viel einfacher erweitern.

Beispiel Remote-Bewerbungsprozess: Ben befindet sich im Sabbatical und reist mit seinem Rucksack durch Mexiko. Er sucht nach einer neuen Position für seine Rückkehr nach Deutschland. Durch moderne Collaboration-Tools findet der gesamte Bewerbungsprozess online statt. Der Vorteil: Ben lernt sein künftiges Team einfach aus dem Ausland heraus kennen und identifiziert sich bereits vor Job-Antritt mit seinem zukünftigen Arbeitgeber. Nach seiner Rückkehr startet er motiviert in sein neues Berufsleben. Hätte das Unternehmen auf Präsenzinterviews gepocht, hätte es Ben nicht gefunden.

Hybrid Work

Hybrid Work hat die Arbeitswelt nachhaltig verändert. Home Office und Remote Work sind Begriffe, die lange nur im Kontext moderner Start-Up Kulturen vorkamen. Durch die Pandemie hat das Thema „Remote Work“ stark an Relevanz gewonnen. Jetzt ist klar: Arbeitnehmer:innen müssen nicht zwangsläufig nebeneinander sitzen, um erfolgreich zusammenzuarbeiten.

Eine Führungskraft ist auch wirksam, wenn sie mit ihren Mitarbeiter:innen Online-Meetings führt. Home Office und Hybrid Work stehen nicht mehr nur auf der Wunschliste der Kandidat:innen bei der Arbeitgeber:innen-Wahl, sondern werden vorausgesetzt. Im New Hiring beeinflusst Hybrid Work besonders stark die Zufriedenheit der Mitarbeiter:innen und erweitert den Kreis der potenziellen Kandidat:innen.

Beispiel Workation: Kim hat seit längerer Zeit den Wunsch, im Ausland zu leben. Allerdings werden ihr in ihrem aktuellen Job spannende Aufgaben geboten, weshalb sie den Schritt eines Sabbaticals nicht geht. Der Wunsch nach einem Auslandsaufenthalt ist jedoch so stark, dass ihr zunehmend etwas fehlt und sich ihre Arbeitszufriedenheit verringert. Ganz im Sinne des New Hirings bietet ihr Unternehmen ein neues Benefit an: Workation. Dies ermöglicht Kim, einen bestimmten Zeitraum aus dem Ausland zu arbeiten und dies mit einem Urlaub zu verbinden. Kim nimmt das Angebot an und arbeitet für einige Wochen von Portugal aus. Sie ist hochmotiviert und erreicht all ihre Ziele. In den Abendstunden geht sie surfen und denkt dabei daran, dass ohne die modernen Arbeitskultur ihrer Arbeitgeberin dieser Auslandsaufenthalt nicht möglich wäre. Begeistert berichtet sie auf ihren Social Media-Kanälen von ihren positiven Erlebnissen. Sie erhält eine Vielzahl an Anfragen zu offenen Stellen bei ihrer Arbeitgeberin. Für ihr Unternehmen zahlt sich das doppelt aus: Es gewinnt eine glückliche Mitarbeiterin und zahlreiche Kandidat:innen.

New Pay

Immer mehr Unternehmen gehen zu einer offeneren Gehaltskultur über: Gehaltsverhandlungen werden nicht mehr nur im stillen Kämmerlein geführt. Die Mitarbeiter:innen tauschen sich aktiv über ihre Gehälter aus. Zunehmend wird auch Gehaltstransparenz eingeführt, zum Beispiel indem intern Gehaltsbänder veröffentlicht werden, die allen Mitarbeiter:innen einen Abgleich des jeweils eigenen Gehalts mit dem der Kolleg:innen ermöglicht. Für Führungskräfte bedeutet dies vor allem mehr Arbeit: Gehaltsdifferenzen werden schnell aufgedeckt und thematisiert. Das Gehalt ist weiterhin einer der meist genannten Gründe für die Wahl neuer Arbeitgeber:innen.

Geht die Kündigung eines High Performing Talents ein, handeln Unternehmen häufig im Affekt und bieten nachträglich eine Gehaltssteigerung an. In vielen Fällen führt dies nicht zu einer Veränderung der Entscheidung des Talents und somit muss die Stelle nachbesetzt werden. Das Talent verlässt das Unternehmen mit dem Gedanken eines schlecht bezahlten Jobs und ist verunsichert, warum das Gehalt nicht vor der Vertragsunterschrift erhöht wurde. Die neue Stelle wird erst nach Monaten besetzt und es vergeht viel Zeit, bis die Nachbesetzung für das Unternehmen erfolgt ist.

New Pay ermöglicht Unternehmen, empfundene Ungerechtigkeiten im System auszugleichen. Durch eine fair geplante Gehaltsstruktur, die offen einsehbar ist, haben Arbeitnehmer:innen einen Anhaltspunkt für ihre Gehaltseinschätzung und einen Anker beim Austausch mit anderen. Geheime Absprachen und schwelende Ungerechtigkeiten können somit reduziert werden. Die Hürde, mit der eigenen Führungskraft über das Gehalt zu sprechen, sinkt. Im Hiring Prozess sparen offene Gehaltsstrukturen Zeit: Recruiter:innen wissen direkt, welche Gehälter für Kandidat:innen möglich sind und können einen Ausblick darüber geben, welche finanziellen Entwicklungsmöglichkeiten es gibt.

Flexibilität

Flexiblität wird in der heutigen Arbeitswelt vorausgesetzt und ist zukünftig noch wichtiger. Unternehmen und Mitarbeiter:innen sehen sich mit ständigem Wandel konfrontiert: die fortschreitende Digitalisierung, sich ändernde Kund:innenanforderungen, disruptive Innovationen, unvorhergesehene politische und klimatisch bedingte Ereignisse — Change ist für viele Unternehmen nicht länger ein Projekt, sondern ein Dauerzustand.

Auch Recruiter:innen wird einiges abverlangt: Jobs, die heutzutage bestimmte Qualifikationen erfordern, können zukünftig ein ganz anderes Skillset benötigen. Die Entstehung neuer Tools erfordert ein ständiges Dazulernen. Doch nicht zuletzt die Pandemie hat gezeigt, wie lohnend Flexibilität und die Bereitschaft zur Veränderung sein kann: Wenn

Unternehmen innerhalb von wenigen Tagen von einem 100-Prozent-Büro-Modell auf 100 Prozent Home Office umsteigen, funktioniert das. Wenn plötzlich alle Mitarbeiter:innen von zu Hause aus arbeiten, hat dies keinen negativen Einfluss auf den Umsatz. Im New Hiring bedeutet Flexibilität auch die Abkehr vom Silo-Denken hin zur Ausschöpfung aller vorhandenen Möglichkeiten.

Beispiel Urlaubsvertretung: Hiring Manager Robert geht in seinen wohlverdienten dreiwöchigen Sommerurlaub. Der Recruiting Prozess wird kurzzeitig unterbrochen und danach fortgeführt. Die Recruiting Pipeline besteht aus wenigen Bewerbungen, welche innerhalb der drei Wochen nicht bearbeitet werden können. Nach Roberts Rückkehr sind die Talente bereits in anderen Prozessen und stehen nicht mehr zur Verfügung. Flexibilität in diesem Beispiel bedeutet, dass der Hiring Prozess nicht nur auf EIN Paar Schultern verteilt wird. Recruiter:innen und Fachbereiche sollten frühzeitig überlegen, welche Personen im Unternehmen ebenfalls den Recruiting Prozess übernehmen können.

Beispiel: Flexibilität beim Kandidat:innen-Anforderungsprofil: Malou bewirbt sich intern auf eine Führungsposition. Sie ist bekannt für ihre gute Performance, besitzt ausschließlich gute Kund:innenbewertungen und ein hohes Commitment. Die Bewerbung wird abgelehnt, da der zuständige Fachbereich niemanden ohne Führungsverantwortung einstellen möchte. Die Absage sorgt für Frust und Malou ist verstärkt auf Business Netzwerken unterwegs, um ihre Möglichkeiten außerhalb des eigenen Unternehmens auszuloten. Nach zwei Monaten kündigt Malou, da sie in einem anderen Unternehmen eine Führungsposition antreten kann. Die interne Stelle bleibt unbesetzt. Fehlende Flexibilität sorgt an dieser Stelle nicht nur für eine unbesetzte Stelle, sondern auch für hohe Kosten: Weitere Recruiting Maßnahmen müssen gestartet und eine zusätzliche Stelle muss nachbesetzt werden.

New Hiring bedeutet auch, dass wir flexibel in unserer Denkweise sind und von vertrauten Handlungsmustern abweichen. Die Chancen eines veränderten Mindsets der verschiedenen Akteur:innen im Recruiting Prozess werden im weiteren Verlauf des Buches erläutert.

Selbstbestimmung

Selbstbestimmung ist ein zentraler Wert der New Hiring Philosophie. Remote Work bzw. hybrides Arbeiten als neue Arbeitsstandards erlauben den Arbeitnehmer:innen neue Freiheiten. Das führt auch zu mehr Eigenständigkeit und Selbstorganisation. Mitarbeiter:innen sind stärker dazu angehalten, selbst auf sich zu achten und eigenständiger auf ihre Zielerreichung zu schauen. Auch im Recruiting gibt es ein erhöhtes Maß an Selbstbestimmung: Recruiter:innen haben einen größeren Werkzeugkoffer als früher und können durch verschiedenste Maßnahmen ihren Recruiting-Erfolg beeinflussen und steigern. In der Praxis bedeutet das auch: Sie können individuell entscheiden, wann welche Maßnahmen, Kanäle und Tools eingesetzt werden.

Umgekehrt können Talente heute frei entscheiden, wie sie den Recruitingprozess gestalten wollen. Es gibt unzählige Quellen für neue Jobs und zahlreiche Kanäle für die Kontaktaufnahme. Talente haben die Wahl: Wo suche ich, wo checke ich meinen Marktwert, wie nehme ich Kontakt auf, wann vereinbare ich einen Interviewtermin? Und am Ende geht es auch bei der Entscheidung für einen Jobwechsel um Selbstbestimmtheit.

Viele Wechselwillige können, müssen aber nicht wechseln. Dabei ist die Motivation für einen Jobwechsel vielseitig und kann sowohl intrinsischer als auch extrinsischer Natur sein. Durch die zahlreichen Möglichkeiten auf dem Arbeitsmarkt bleibt beim Talent viel Raum für Abwägung und für die Auswahl des besten Angebotes.

Im New Hiring ist es daher umso wichtiger, sich intensiv mit der Wechselmotivation und der individuellen Lebenssituation des Talents zu beschäftigen. Möchte das Talent lieber in einer kollaborativen Umgebung in einem gut ausgestatteten Büro arbeiten oder bevorzugt die Person einen Remote-Arbeitsplatz aus dem Ausland? Diesen Fragen gilt es im New Hiring zu verfolgen, doch die passenden Antworten dazu erhalten Recruiter:innen häufig nicht gleich im ersten Telefongespräch. Selbstbestimmte Talente möchten, dass man sich Zeit nimmt. Ein erstes Kennenlernen, eine individuelle Karriereberatung und eine detaillierte Vorstellung der Kultur schafft Vertrauen und gibt der Selbstbestimmung Raum.

Beispiel Restaurant-Entscheidung : Wir befinden uns im Urlaub und sind auf der Suche nach einem Restaurant. Auf der Straße kommen wir an einem Restaurant vorbei und werden von den Mitarbeiter:innen angesprochen. Die erste Person nimmt unsere suchenden Blicke wahr, läuft auf uns zu und spricht uns an. Uns werden Speisekarten in die Hand gedrückt und ein Platz zugewiesen. Wir sind überfordert, winken ab und gehen schnell weiter. Eine Straße weiter passieren wir ein zweites Restaurant. Wieder nimmt ein:e Mitarbeiter:in unsere suchenden Blicke wahr. Uns wird freundlich signalisiert, dass noch Tische frei sind. Wir werden gefragt, worauf wir eigentlich Hunger haben oder ob wir nur etwas trinken wollen. Bei der Platzwahl werden uns verschiedene Optionen angeboten: Drinnen, draußen oder direkt an der Bar. Die Kombination aus Vielfalt, Wunschäußerung und Entscheidungsfreiheit überzeugt uns — wir nehmen Platz und versacken für den restlichen Abend. Das Restaurant empfehlen wir weiter.

Transparenz

Bevor Recruiting Prozesse digitalisiert wurden, spielte die Bewerbung in Papierform eine große Rolle. Bewerbungen wurden per klassischer Bewerbungsmappe eingereicht. Personalmarketing-Maßnahmen fanden in Broschüren und auf

Jobmessen statt. Die Hoheit über die preisgegebenen Informationen blieb stets bei den Absender:innen: Unternehmen haben nur das über Jobsuchende erfahren, was in der Bewerbungsmappe sichtbar war. Talente hingegen haben nur die Informationen der Arbeitgeber:innen erhalten, welche die Personalmarketing-Abteilung als förderlich erachtet hat, oder gar keine. Transparenz fehlte auf beiden Seiten. Heutzutage hat sich das Bild gewandelt: Soziale Netzwerke ermöglichen es, dass Personalverantwortliche schnell und einfach umfassende Informationen von Kandidat:innen erhalten. Es können schnell Kontakte geknüpft werden und ehemalige Kolleg:innen oder Führungskräfte befragt werden.

Für die Talente ist diese Entwicklung noch spürbarer: Arbeitgeber:innen-Bewertungsplattformen spiegeln die individuelle Erfahrung von ehemaligen und aktuellen Mitarbeiter:innen und Kandidat:innen wider. Durch die Möglichkeit, jederzeit und von überall aus Bewertungen über Arbeitgeber:innen abzugeben, hat das eindimensionale Personalmarketing an Relevanz und Deutungshoheit verloren. Für Arbeitnehmer:innen ist es wichtig, auf die Bewertungen einzugehen und als Unternehmen zu zeigen, dass man offen für Kritik und Veränderungswünsche ist.

Die Arbeitgeber:innen-Bewertungsplattform kununu führt regelmäßig Befragungen zu den Wünschen von Arbeitnehmer:innen in Bezug auf Transparenz durch. Die meistgenannten Wünsche beziehen sich auf Transparenz zum

Thema Gehalt und zur Unternehmenskultur. So ist es heutzutage zur neuen Normalität geworden, dass Personen mit wenigen Klicks Informationen über das Gehaltsgefüge und die tatsächlich empfundene Unternehmenskultur erhalten.

Welche Auswirkungen hat diese Entwicklung auf New Hiring? Gefragt sind ein offener Umgang mit Stärken und Schwächen.

Wenn Talente im Bewerbungsprozess eine schlechte Bewertung ansprechen, sollte offen und ehrlich damit umgegangen werden. Was können wir als Unternehmen schon richtig gut? Und wo müssen wir uns verbessern? Diese Fragen stellen wir unseren Talenten in Vorstellungsgesprächen und erwarten ehrliche Antworten. Warum also sollten wir uns anders verhalten?

Früher oder später fällt uns auf, was wirklich hinter einer perfekt glänzenden Fassade steckt. Wenn beide Seiten mit offenen Karten spielen, sorgt das für Vertrauen und Weiterentwicklung. Ein weiterer Pluspunkt: Wenn Unternehmen eine offene Fehlerkultur leben, sprechen Mitarbeiter:innen auch schneller über negative Erlebnisse. Die böse Überraschung einer plötzlichen Kündigung kann vermieden werden, wenn frühzeitig über Veränderungswünsche gesprochen wird. Das ist nicht immer angenehm, trägt jedoch zu einem gesunden Findungs- und Bindungsprozess bei.

Wir sehen: New Work braucht New Hiring und es gibt einiges zu tun. Gleichzeitig zeigen die Beispiele, dass New Hiring nicht nur

Stellen besetzt, sondern auch mehr Spaß und Zufriedenheit für Recruiter :innen verspricht. Klar ist: Glückliche Recruiter:innen und Fachbereiche strahlen ihre Leidenschaft aus. Das wiederum zieht Talente an.

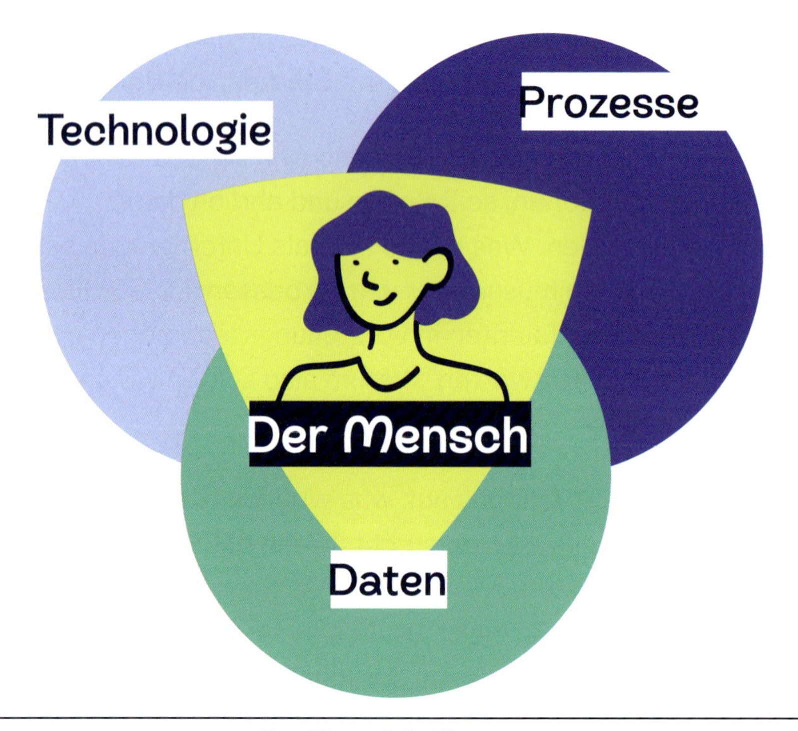

Der Mensch im Zentrum

Kapitel 2

Mindset: Der entscheidende Erfolgsfaktor

Innerhalb des New Hirings spielt insbesondere das Mindset aller Beteiligten eine große Rolle. Das Verändern des Mindsets in einer Organisation erfordert Veränderungsbereitschaft. Wie schnell man mit der Auflösung von Blockaden hohe Ziele im New Hiring erreichen kann, zeigt dieses Kapitel.

Beginnen wir mit dem Beispiel eines Disney-Filmklassikers und versetzen uns in die Situation der Kandidat:innen, um ein Gefühl dafür zu bekommen, welches Mindset sowohl für Unternehmen, als auch für Kandidat:innen im New Hiring entscheidend sein kann:

Eine junge Frau kommt zum Vorstellungsgespräch. Statt Fragen zu beantworten und devot vor dem Interviewer zu agieren, hat sie klare Vorstellungen und bringt diese auch selbstbewusst und bestimmt rüber. Arbeitsbedingungen, Arbeitszeiten, Eigenverantwortlichkeit, Führungsstil, Bezahlung, Urlaub und Freizeit: Female Force at its best! Die Not beim Arbeitgeber ist so groß, dass er widerwillig zustimmt, um endlich eine qualifizierte Haushälterin zu haben. Doch wen die Familie hier eigentlich wunderbares eingestellt hat, ist ihnen noch gar nicht klar: **Mary Poppins!**

Aber spulen wir nochmal zurück: Der Geschichte von Mary Poppins erschient als Roman bereits 1934 und wurde dann später von Walt Disney weiter in die Welt getragen. Vielen wird der Disney-Film, das Musical oder einfach nur die Musik im Gedächtnis geblieben sein.

„Supercalifragilisticexpialigetisch!", „Chim chimery, chim chimery, Chim Chim Cheru“ oder „Löffelchen voll Zucker“. Damals war New Hiring noch gar kein Thema und doch gibt es so viele Parallelen. Die Geschichte beginnt.

Gespräch auf Augenhöhe statt „alte Schule“

Mr. Banks — seines Zeichens Bankier, ist einer vom alten Schlag.

Er hat schon zahlreiche Haushälter:innen und Bewerber:innen vergrault. In den Vorstellungsgesprächen und im Haus gibt er den Ton an. Die Bewerber:innen und die Familie haben sich danach zu richten. Er weiß, wie es geht — glaubt er zumindest.

Mary Poppins belehrt ihn eines Besseren. Sie ist anders als die anderen Bewerber:innen (nämlich eine Kandidatin, siehe unten). Sie weiß, was sie will und was nicht. Das passt Mr. Banks herzlich wenig. Man könnte meinen, sie wäre aus der Generation Y oder Z und stünde einem konservativen Geschäftsführer gegenüber.

Zeugnisse und Anschreiben — ja oder nein?!

Mr. Banks will als erstes Zeugnisse und Empfehlungsschreiben von ihr sehen. Die Person hinter den Qualifikationen interessiert hier dann maximal im zweiten Schritt. Mary Poppins sagt, davon halte sie nichts und fände das altmodisch — Papier ist eben geduldig. Hier treffen Welten und verschiedene Sichtweisen aufeinander. Kommt Euch das bekannt vor? Die aktuelle Diskussion, ob ein Anschreiben noch zeitgemäß ist — ja oder nein? — passt hier ideal.

Abstimmung mit dem Fachbereich mal anders

Hochmotiviert und klar trägt Mary nun Wünsche aus dem Brief der Kinder vor:

„Nicht böse und nie nervös soll sie sein. Außerdem hübsch und mit den Kindern spielen sowie lustig."

Das gefällt Mr. Banks natürlich überhaupt nicht, hätte er doch lieber eine diktatorische und strenge Haushälterin, die den Kindern Manieren beibringt. Den Brief mit den Wünschen hatte er zerrissen und ihn wundert, dass die Kinder-Wünsche nun eine Rolle spielen sollen.

Das Interview findet hier quasi mit der Geschäftsführung statt, ohne dass die überhaupt weiß, was der Fachbereich eigentlich wirklich bräuchte und wie die Kollegen:innen aus dem Recruiting das Ganze sehen. Kennt ihr das auch? Hätte er doch mal auf die Wünsche seiner Kinder gehört, dann stünde er jetzt nicht so da und die Suche wäre möglicherweise auch schneller erfolgreich gewesen.

Jeder will doch zu uns! — oder?!

Mary Poppins wird eingestellt und den anderen Bewerber:innen soll die Küchenhilfe absagen. Natürlich tut Mr. Banks das nicht selbst. Er will ja schließlich keine Talentpools aufbauen. Die Küchenhilfe läuft zur Tür und möchte den anderen absagen. Nur sind da gar keine anderen Bewerber:innen — weil niemand anderes bei den Banks arbeiten möchte.

Würde Mr. Banks in 2022 leben, er wäre wohl einer der Geschäftsführer:innen, die Arbeitgeber:innenbewertungsplattformen verfluchen und selbst bei einem kununu Score von 2,40 noch glauben, dass jede:r bei ihnen arbeiten möchte und dass der Score nur deshalb so schwach sei, weil „sich alle immer gern über alles beschweren.“ Selbst- und Fremdwahrnehmung klaffen hier stark auseinander.

Alles muss geordnet und strukturiert sein

Mr. Banks ist der Miesepeter des Hauses. Die neugewonnene Freude der Mitarbeiter:innen und seiner Kinder frustriert ihn nur noch mehr. Es soll weniger gesungen werden und Arbeit hat ja nun wirklich nichts mit Spaß zu tun. Strukturiert und geordnet soll es sein. Die Freiheit und Freude von Mary Poppins bringen eine neue „Unternehmenskultur“ hinein. Und wie das mit Change-Prozessen so ist, brauchen diese etwas Zeit und tun manchmal auch etwas weh.

Mary Poppins bleibt dennoch wohlwollend und treibt mit viel Resilienz von innen heraus die Veränderung voran.

Solche Mitarbeiter:innen machen den Unterschied!

Die Veränderung leben

„Mit einem Löffelchen voll Zucker...“, liebevoller Methoden und sehr viel Eigenverantwortung geht die Restrukturierung im Hause Banks weiter. Mary kommt mit ihren Methoden schnell gut bei den Kindern an und die Dinge laufen nach anfänglichen Schwierigkeiten viel besser.

Die Kinder wollen gar nicht mehr ohne Mary sein. Auch die anderen Angestellten werden von Mary angesteckt und kommen besser miteinander aus als zuvor. Mr. Banks’ Perspektive darauf, wie die Dinge zu laufen haben, verändert sich langsam.

Die positive Entwicklung der Unternehmenskultur zeigt sich auch in den Geschäftsergebnissen. Mr. Banks entwickelt nach und nach ein neues Mindset. Dadurch wird die Bank vor dem Ruin bewahrt und es kommt sogar zu einer Umsatzsteigerung. Mary Poppins war das Beste, was ihm hätte passieren können.

Das Chim Chimery Mindset

„Chim chimery, chim chimery, Chim Chim Cheru, ich tu was mich freut und mich freut, was ich tu."

Bert ist der Freund von Mary Poppins und verdient sein Geld mit den verschiedensten Tätigkeiten. Dabei liebt er jeden seiner Jobs. Ob als Künstler, als Maronenverkäufer oder als Schornsteinfeger. Mit Spaß und Freude bei der Arbeit lebt es sich leichter.

Allen Widrigkeiten zum Trotz, passt er sich den Gegebenheiten immer wieder an, findet für die Dinge eine Lösung und kommt zum Ziel. Heutzutage würde man sagen: Bert hat einfach das richtige „Mindset". Er kennt sich selbst und seine Stärken und geht positiv an seine Aufgaben. Geld ist für Bert eher zweitrangig – denn er spürt einen Sinn in seinem (Arbeits-) Leben. Durch seine Leidenschaft erkennen seine Auftraggeber:innen sein Potenzial und erhöhen regelmäßig seinen Lohn.

Wer macht den Anfang?

Veränderung, die wir selbst in unseren Unternehmen erleben wollen, müssen wir selbst jeden Tag mitgestalten und prägen. Dann kann New Hiring auch wirklich im Recruiting gelebt und Teil der Unternehmenskultur werden. Mary Poppins würde jetzt singen: „Ein Löffelchen voll Zucker viel zu tun vermag" oder wie Bert sagt: „Oft genügt ein Löffel voll Zucker und was bitter ist, wird süß".

Zugegeben, es handelt sich hier um ein sehr spezielles und überspitztes Beispiel. Doch es wird schnell klar, dass es auch anders geht. Im New Hiring verändert sich die gesamte Perspektive unserer Kandidat:innen und dieser müssen wir uns anpassen, wenn wir zukünftig Talente für uns gewinnen möchten. Eben genau wie es Mr. Banks tut, auch wenn es ihm anfangs gar nicht so leicht fiel.

Old Hiring Werte haben ausgedient

Genauigkeit

Mr. Banks ist eher vom Typ Old Hiring. Er fordert **Genauigkeit** von seinen Bewerber:innen und eine Lücke im Lebenslauf wird als gefundenes Fressen gesehen, um diese abzulehnen.

Kontrolle und Perfektion

Er möchte die **Kontrolle** im Prozess behalten und glaubt daran, dass nur **Perfektion** eine Option ist. Eine Bewerberin für ihr Potenzial einzustellen, ist für ihn absolut keine Option. Sein Motto: Wenn es nicht im Lebenslauf steht, dann kann sie es auch nicht!

Sicherheit

Er möchte viel **Sicherheit** darüber erlangen, so dass er genau weiß, was ihn erwartet. Doch leider kann man das heute oftmals nicht mehr erwarten. Denn zu oft bleibt mit dieser Haltung die Position unbesetzt. Es braucht also eine neue Haltung.

Die New Hiring Haltung

Etwas Neues zu starten bedeutet immer eine Veränderung und damit auch Bestehendes loszulassen. Das fällt oft schwer. Was man jetzt braucht, sind neue Fähigkeiten, um die eigene Haltung aktiv zu gestalten.

Zuversicht für das Neue

Nur wenn man die **Chancen** im New Hiring sehen will, gelingt es, sich vollkommen auf diese Veränderung einzulassen. Kandidat:innen wie Mary Poppins haben dies, bewusst oder unbewusst, schon längst getan.

Offenheit für Change

Jetzt bedarf es einer permanenten **Offenheit** für Veränderungen, denn Change wird täglich bei der Neuausrichtung der Arbeitswelt eine Rolle spielen und dabei helfen, sich den Megatrends aktiv zu stellen.

Resilienz

Es erfordert viel **Durchhaltevermögen**, von diesem Weg auch in schwierigen Zeiten nicht abzurücken. Die dafür benötigte **Resilienz** ist eine Fähigkeit, die aktiv trainiert werden kann. So können Menschen und Unternehmen im New Hiring zukunftsfähig bleiben.

Erfahrungsaustausch mit Gleichgesinnten

Gemeinsam ist man stärker. Wenn man sich mit anderen austauscht und voneinander lernt, dann wird die Veränderung hin zum New Hiring mit Spaß und Freude verbunden sein.

Noch heute ist es so, dass es schwieriger ist in manche Unternehmen zu kommen als in Berlin in die hippsten Clubs. Türsteher:innen haben im Recruiting ausgedient — heute braucht es viel mehr herzliche Gastgeber:innen, um Talente zu überzeugen.

Daher spricht man im New Hiring nicht von Bewerber:innen, sondern von Kandidat:innen und Talenten. In der alten Arbeitswelt haben sich Menschen bei Unternehmen beworben. Heute begegnen sie ihnen auf **Augenhöhe** und möchten sich austauschen. Sie sind eben Kandidat:innen und schon lange keine Bewerber:innen mehr. Und auch die Unternehmen bewerben sich bei den Kandidat:innen. Sich bewerben, das klingt nach Einbahnstraße. New Hiring hingegen ist ein Miteinander und ein gegenseitiges Abgleichen von Bedürfnissen und Erwartungshaltungen, die im Idealfall in einem passenden Match münden. Win-Win.

Traditionelles Recruiting

Prozess

Kontrolle

Streben nach Perfektion

Sicherheit

New Hiring

Offenheit für Change

Zuversicht

Resilienz

Austausch

Candidate Centricity für mehr Menschlichkeit im Recruiting

Im New Hiring steht das Talent im Mittelpunkt. Glückliche Talente machen Recruiter:innen und Hiring Manager:innen glücklich. Und glückliche Hiring Manager:innen sorgen dafür, dass Unternehmen weiterhin erfolgreich und wettbewerbsfähig sind.

Candidate Centricity ist eine Anlehnung an Customer Centricity. Statt ein Produkt zu bauen, das der/dem Designer:in am besten gefällt, erfragt man nun im Bereich der Kund:innenarbeit die Bedürfnisse der Kund:innen und stellt diese ins Zentrum des Handelns und der Produktentwicklung. Genau das wird auch im Recruiting benötigt. Die gute Nachricht: **Alle Daten dafür sind vorhanden.** Es bedarf keiner großen Umfragen, denn auf Arbeitgeber:innenbewertungsplattformen wie kununu oder Glassdoor, in Google Rezensionen oder in Foren finden sich viele Aspekte, die sich Kandidat:innen von Unternehmen wünschen. Die schlechte Nachricht: Das tut manchmal weh und man muss es dann auch umsetzen.

Candidate Centricity ist nicht nur ein Begriff, sondern eine Haltung, eine Philosophie oder Lebensart. Kandidat:innen erwarten, dass man sich um sie kümmert, dass man sie informiert, transparent und ehrlich mit ihnen umgeht. Um nichts anderes geht es im New Hiring.

Candidate Centricity im New Hiring bedeutet, seinen Kandidat:innen Prozessabläufe transparent zu machen, sie zu fragen, welche Faktoren gegeben sein sollten, damit es für die/den Kandidat:in ein erfolgreiches Gespräch ist. Weiterhin erfordert sie ein Absagenmanagement, bei dem Kandidat:innen auch dann weiter mit Wertschätzung und Respekt begegnet wird, wenn sie für das Unternehmen so gar nicht mehr in Frage kommen.

Haltung und Entscheidungen sind oft auch von unbewussten Mustern beeinflusst: dem sogenannten Unconscious Bias. Bei der Vielzahl an Informationen, die das Gehirn täglich aufnimmt, bleibt lediglich ein Bruchteil in der bewussten Wahrnehmung hängen. Der Rest wird unbewusst wahrgenommen. Dennoch entstehen aus all diesen Aspekten dann Muster, die man als Mensch immer wieder anwendet.

Im New Hiring steht der Mensch im Mittelpunkt

Liest man beispielsweise einen Lebenslauf und sieht dort, dass ein:e Kandidat:in nicht studiert hat, kann es dazu kommen, dass sich unbewusst ein Schalter umlegt: Hat nicht studiert, ist nicht so clever. Candidate Centricity heißt somit auch, sich der eigenen unbewussten Denkmuster bewusster zu werden, um allen Kandidat:innen einen Weg zur Chancengleichheit zu gewähren — unabhängig davon, wie man selbst geprägt und „kodiert“ ist. Es gibt uns außerdem die Chance, nicht immer die gleichen Kandidat:innen zu bevorzugen und eine Diversität in unser Recruiting zu bekommen.

Die New Hiring Prinzipien

Aus der New Hiring Haltung entstehen fünf Prinzipien. Diese New Hiring Prinzipien sollen als Orientierung für alle Menschen dienen, die sich mit der Suche und Einstellung von Talenten beschäftigen.

Die fünf Prinzipien sind: **Mut — Augenhöhe — Authentizität — Kreativität — Chancengleichheit**

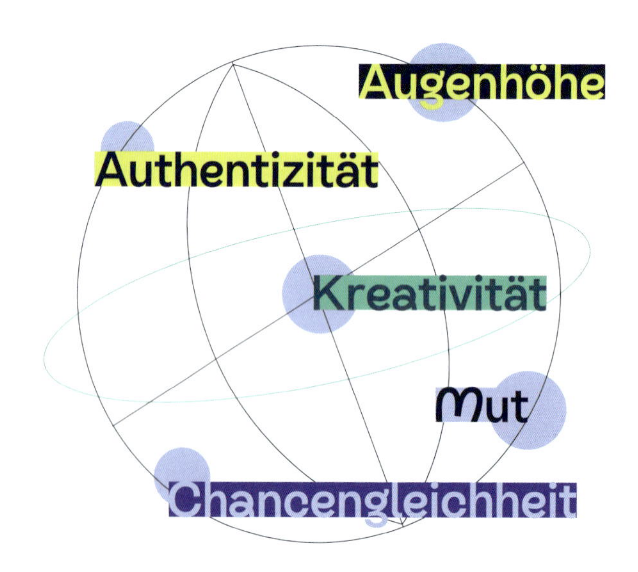

New Hiring Prinzipien

Mut

New Hiring ist eine neue Art zu rekrutieren, die Mut erfordert.

Ein Beispiel für mutiges Recruiting: Ein Unternehmen möchte eine Spezialist:innenrolle im Vertrieb besetzen. Aus dem Fachbereich besteht die klare Anforderung, dass die Person sich bereits mit den Produkten des Unternehmens auskennt und mindestens fünf Jahre Berufserfahrung mitbringt. Eine Kandidatin geht in den Bewerbungsprozess. Sie hat erst zwei Jahre Berufserfahrung und ist branchenfremd. Aufgrund der geringen Bewerbungseingänge überzeugt die Recruiting Abteilung den Hiring Manager, mit der Kandidatin zu sprechen. Innerhalb des Gespräches wird klar, dass die Kandidatin eine starke Leidenschaft für Vertrieb, sowie ein großes Interesse für die Produkte mitbringt. Widerwillig wagt der Fachbereich den Schritt und stellt die Kandidatin ein. Nach einer dreimonatigen Einarbeitungszeit in die Produktpalette wird die neue Mitarbeiterin für den Vertrieb eingesetzt und erreicht überdurchschnittlich hohe Vertriebsziele. Der Umsatz wächst.

Durch die guten Erfahrungen ist der Fachbereich von der neuen Art zu rekrutieren positiv überrascht. Eine weitere Vakanz wird ausgeschrieben und auch hier ist der Eingang der Bewerbungen gering. Es geht um eine Stelle als Agile Coach. Ein Kandidat bringt das Zertifikat mit, hat jedoch noch keine Praxiserfahrung. Es wird ein weiterer Versuch gewagt und die Person wird eingestellt. Nach der Einarbeitungszeit stellt das Unternehmen fest, dass der Agile Coach in seinen Praxiseinsätzen nicht die gewünschten Ergebnisse erzielt. Die betreuten Teams sehen keinen Mehrwert in der Betreuung. Die eingestellte Person benötigt deutlich mehr Zeit und wird in eine andere Abteilung versetzt.

Dieses Beispiel zeigt: Hinter mutigen Einstellungsprozessen steckt unheimlich viel Potenzial. Vakanzen können in kürzerer Zeit besetzt werden. Durch Mut werden Talente entdeckt und gefördert. Insbesondere in sehr schwer zu besetzenden Berufsgruppen hat man hier einen echten Wettbewerbsvorteil.

Jedoch verbergen sich hinter mutigen Prozessen auch Risiken. Durch Vorschuss-Vertrauen können Personen eingestellt werden, die nicht die gewünschten Ergebnisse erzielen. Hier gilt: Einen kühlen Kopf bewahren! Eine Fehl-Einstellung muss nicht gleich bedeuten, dass eine Kündigung daraus resultiert. In unserer schnelllebigen Arbeitswelt ändern sich Anforderungen an Jobs rasant. Und durch die erhöhte Wechselbereitschaft haben Recruiter:innen fast täglich mit Nachbesetzungen zu tun. Sollte also eine mutige Entscheidung zu Enttäuschungen führen, kann dies im Umkehrschluss bedeuten, eine Person auf eine andere Stelle zu entwickeln. Und wenn auch das nicht klappt: Fehler machen gehört dazu!

Fehlerkultur muss zwingend im New Hiring gelebt werden. Wir haben nicht mehr die Chance den 100 Prozent Fit für jede Vakanz zu finden, sondern wollen in Menschen und ihre Potenziale investieren. Eine hilfreiche Faustregel dafür ist das Paretoprinzip. Es besagt, dass man 80 Prozent des Ziels mit geringem Aufwand erreichen kann, jedoch für die letzten 20 Prozent ein vielfaches mehr tun muss, um diese zu erreichen. Es gilt nun, den Mut zu haben, im New Hiring mit den 80 Prozent loszulegen, anstatt noch dutzende Interviews zu führen, Zeit und

Geld zu investieren und am Ende doch nicht die eierlegende Wollmilchsau zu finden.

Augenhöhe

Im New Hiring ist es unabdingbar, Kandidat:innen auf Augenhöhe zu begegnen. Niemand möchte wie in einem Verhör ausgefragt werden. Ein Gespräch nach Leitfaden und ein Frage-Antwort-Spiel definieren klare Rollen in der Interviewsituation. Hier bleibt nicht viel Platz für ein echtes Kennenlernen und das Herausfinden blinder Flecken.

Deshalb lohnt es sich, mit Kandidat:innen im New Hiring Gespräche auf Augenhöhe zu führen, in denen gleichermaßen Bedürfnisse und Erwartungen geteilt werden und geprüft wird, ob man dabei zusammen kommt. Eine große Hilfe bietet hier auch die Digitalisierung von Recruiting-Prozessen: Standardisierte Informationen, wie die Jahre der Berufserfahrung, Zertifikate und Abschlüsse können bereits vorab durch ein System gesteuert werden. Einige Positionen erfordern selbstverständlich weiterhin die Prüfung auf fachliche Eignung. Das Abfragen von speziellen Fähigkeiten oder Fachwissen kann im Vorfeld durch einen Recruiting Case eingeholt werden. So spart man wertvolle Gesprächszeit und die Talente haben Zeit, sich vorzubereiten und werden nicht unangenehm überrascht.

Ein gutes Interview beinhaltet Informationen, die man in den Bewerbungsunterlagen und Social Media Profilen nicht direkt findet. In einem echten und ehrlichen Austausch geht es viel mehr darum, die Leidenschaft für die Position herauszufinden. Ebenfalls ist es wichtig zu erkennen, was das Talent braucht, um sich für die Position zu begeistern.

New Hiring auf Augenhöhe bedeutet Kandidat:innen so zu behandeln, wie man selbst in einem Gespräch behandelt werden möchte.

Authentizität

Was macht das eigene Unternehmen aus und was gerade nicht? Authentizität ist im New Hiring deshalb ein weiterer Schlüssel zum Erfolg, weil man dadurch vermeidet, den Kandidat:innen das Blaue vom Himmel zu versprechen, was spätestens im Onboarding nicht mehr der Realität entspricht. Die Gefahr, dass es zum Bruch kommt, ist dann groß. Daher geht es im New Hiring ausschließlich darum, wer die/der Recruiter:in wirklich ist und was sein tägliches WHY ist. Wer authentisch agiert, motiviert ihr/sein Gegenüber ebenfalls so zu handeln.

Denn niemand ist perfekt: weder Unternehmen, Recruiter:innen und Fachabteilung, noch Talente. Und das ist ok so. Es sorgt für Identifikation und Offenheit. Außerdem hilft diese Haltung, Erwartungen zu steuern und Enttäuschungen vorzubeugen.

Hierbei spielt auch das Employer Branding eine große Rolle. Eine authentische Arbeitgeber:innenmarke verkauft uns nicht das Unternehmen, sondern zeigt, wie es sich wirklich und realistisch anfühlt hier zu arbeiten. Ein Beispiel hierfür kann folgendermaßen aussehen:

Beispiel: Ein modernes Tech Start-Up wächst stark und sucht viele neue Mitarbeiter:innen. Die moderne Umgebung zieht besonders Absolvent:innen und Berufseinsteiger:innen an, welche ein starkes Bedürfnis nach schnellen Karrieremöglichkeiten haben. Durch die hohen Umsatzziele stehen Überstunden an der Tagesordnung und werden aktiv vorgelebt. Diese Art der Kultur wird auf Arbeitgeber:innen-Bewertungsplattformen wie kununu auch von einigen Mitarbeiter:innen kritisiert. Hoher Leistungsdruck und lange Arbeitstage sind Inhalte, die den Leser:innen des Profils ins Auge stechen. Die Editorin des Profils nimmt dies zum Anlass, die Bewertungen zu kommentieren. Die Überstunden und der Leistungsdruck werden als phasenabhängige Umstände bezeichnet und es wird verdeutlicht, dass dies nicht zur Tagesordnung gehört. Ähnlich kommunizieren die Recruiter:innen in ihren Interviews. Die Realität sieht jedoch anders aus — es handelt sich nicht um Phasen, sondern um einen festen Wert der Unternehmenskultur. Durch die Unstimmigkeit werden Personen eingestellt, die mit einer falschen Erwartungshaltung antreten.

Die Fluktuationsquote ist überdurchschnittlich hoch, die Work-Life-Balance der meist genannte Kündigungsgrund. Nach einem Perspektivwechsel beginnt das Unternehmen, die Kommentare der Bewertungen umzustellen. Es wird offen und ehrlich darüber gesprochen, dass Überstunden aufgrund des starken Wachstums zum Alltag des Unternehmens gehören. Auch der Leistungsdruck durch die Investor:innen wird offen und ehrlich kommuniziert. Dafür arbeitet das Unternehmen nun mit Mitarbeiter:innnen-Stimmen, welche hingegen die Vorteile dieser schnelllebigen Kultur kommunizieren. Ein Sprung auf der Karriereleiter ist schneller möglich als in anderen Unternehmen. In wenigen Jahren übernimmt man schnell und viel Verantwortung – wenn man das möchte. Die Recruiting Situation verändert sich: Es gehen weniger Bewerbungen ein, jedoch passen die eingehenden Bewerbungen deutlich besser. Die Fluktuationsrate sinkt.

Fazit: Niemand ist perfekt und das ist auch gut und in Ordnung so. Kandidat:innen wissen das und erwarten dies häufig auch nicht. Deshalb kann man damit beginnen eine Rolle einzunehmen, in welcher man die Karten auf den Tisch legt, und sich nicht mehr gegenseitig die Schuld zuschiebt, weil man nicht ehrlich zueinander war.

Kreativität

Mittlerweile stellen die Generationen Y und Z einen Großteil der verfügbaren Talente auf dem Arbeitsmarkt. Und damit rückt auch eine Gruppe in den Vordergrund, welche mit Smartphones, Apps, Social Media und ständiger Erreichbarkeit aufgewachsen ist. Die Auswahl der Informationskanäle ist riesig — und damit wächst auch das Risiko, bei langweiligen Inhalten weggewischt zu werden.

Es ist also an der Zeit, beim Aufsetzen von Hiring-Methoden aus der Masse herauszustechen. Und das darf ruhig auch bunt und kreativ sein. Einige Unternehmen hängen Plakate vor Kinos auf, um bei der „Star Wars"-Premiere Techies auf sich aufmerksam zu machen. Andere stellen selbst gebrandete Foodtrucks vor die Firmenzentrale der/des größten Mitbewerbenden und werben dafür, dass die Mittagspause zukünftig immer so aussehen könnte, wenn man zu ihnen wechselt. Es gibt Recruiter:innen, die TikTok Videos machen, verkleidet auf Veranstaltungen gehen oder mit ihrem Messestand auffallen, weil man hier nach spontanen Interviews direkt mit einem Arbeitsvertrag in der Tasche herauskommen kann. Im New Hiring darf der Kreativität freien Lauf gelassen werden — auch wenn das manchmal heißt, sich zum Affen zu machen. Hin und wieder macht das ja auch richtig Spaß.

Chancengleichheit

Im New Hiring dürfen Kandidat:innen und Recruiter:innen so sein, wie sie sind. Was nach einer Selbstverständlichkeit klingt, ist in der Realität so schwer. Das sollten wir uns immer wieder vor Augen führen. Diskriminierung geschieht im Recruiting oft unbewusst. Diskriminierung kann in verschiedenen Formen stattfinden. In der Theorie geht es um die Anerkennung und

Wertschätzung aller Menschen unabhängig von ihrer sozialen, ethnischen etc. Herkunft, ihrem Geschlecht, ihrer sexuellen Orientierung, ihrer Religionszugehörigkeit oder Weltanschauung, ihrem Lebensalter, ihrer physischen oder psychischen Fähigkeiten. Im Recruiting Alltag kann unbewusste Diskriminierung verschiedene Formen annehmen, wie in folgendem Beispiel:

Beispiel: Für eine offene Position in der Buchhaltung geht bei Unternehmen A eine **Bewerbung einer 60-jährigen Frau** ein. Die Kandidatin bringt einen großen Erfahrungsschatz in der Buchhaltung mit und passt auch von den Rahmenbedingungen auf die Stelle. Die Fachabteilung und das Recruiting setzen die Kandidatin auf die Warteliste, da die Belastbarkeit und Tech-Affinität in Frage gestellt werden. An dieser Stelle wird diskriminiert und die Chance auf eine High Performance Mitarbeiterin bleibt ungenutzt.

Während der langen Wartezeit auf eine Rückmeldung wird die Kandidatin auf XING von Unternehmen B angesprochen. Ihre Erfahrung wird geschätzt und sie wird innerhalb kurzer Zeit eingestellt. Es stellt sich heraus, dass die Kandidatin hochmotiviert ist und in ihrer vorherigen Rolle diverse System Roll-Outs betreut hat. Sie wird schnell eingearbeitet und bringt das Team der Buchhaltung auf ein neues Level. Während Unternehmen A weiterhin erfolglos nach dem vermeintlich perfekten Profil sucht, hat Unternehmen B den Einarbeitungsprozess bereits abgeschlossen.

Unbewusste Entscheidungspräferenzen können eine gravierende Auswirkung auf den Recruiting-Erfolg haben. Im vollgepackten Alltag der eigenen Arbeitswelt handeln

Menschen häufig im Affekt und laufen Gefahr, ihren Werten nicht treu zu bleiben. Daher ist es wichtig, mehr über persönliche Erfahrungen zu sprechen und welche Fehler man gemacht hat. Dann kann man auch lernen, sich diese Fehler zu verzeihen, um es künftig besser zu machen.

New Hiring bedeutet auch Individualität zu respektieren: dass Menschen ihr Leben nicht mehr an vorhandene Strukturen anpassen müssen. Unternehmen werden dazu aufgerufen, Strukturen zu schaffen, die es jedem Menschen ermöglichen, von Anfang an ein wertvoller Teil der Organisation zu sein, das Buch nicht nur nach dem Cover zu beurteilen und dann wegzulegen, sondern auch mal darin zu lesen. Es lohnt sich, mehr mit den Kandidat:innen zu sprechen und sie noch besser kennenzulernen — fachlich, persönlich und den individuellen Erlebnissen entsprechend.

Das ein oder andere Mal wird man sich vielleicht dabei erwischen, dass man „das gar nicht gedacht hätte, dass die/der Kandidat:in doch so super ist" oder Potenzial hat.

Dann werden wir glücklich sein, nicht einfach abgesagt zu haben.

Kapitel 3

Heartbeat: Employer Branding als Herzstück

Im Wettbewerb um die besten Talente gewinnt das Thema Employer Branding für Unternehmen zunehmend an Bedeutung. Hierbei handelt es sich um eine unternehmensstrategische Maßnahme, bei der Konzepte aus dem Marketing – insbesondere der Markenbildung – angewandt werden, um Unternehmen als attraktive Arbeitgeber:innen im Arbeitsmarkt zu positionieren. Ziel des Employer Brandings ist die Etablierung einer starken Arbeitgeber:innenmarke, welche die Art und Weise beeinflusst, wie Unternehmen als Arbeitgeber:innen wahrgenommen werden; dies betrifft aktuelle und potenzielle Mitarbeiter:innen, aber auch weitere Stakeholder:innen, wie beispielsweise die eigenen Kund:innen.

Employer Branding bildet das Herzstück des New Hiring, denn dadurch, dass sich das Blatt gedreht hat und Unternehmen verstärkt um die Aufmerksamkeit der Talente buhlen müssen, ist Employer Branding heutzutage keine Option mehr, sondern ein Muss. Die Stärkung der Arbeitgeber:innenmarke führt in erster Linie zu einer Stärkung der Attraktivität der Arbeitgeber:innen. Dadurch werden einerseits die Qualität und Quantität des Kandidat:innenpools verbessert und eine effizientere Rekrutierung ermöglicht, andererseits eine Steigerung der Zufriedenheit, Loyalität und Bindung der Mitarbeiter:innen im Unternehmen erreicht und die Mitarbeiter:innenfluktuation gesenkt.

Wichtig ist: Employer Branding im New Hiring ist mehr als einfach nur Personalmarketing und bunte Bilder auf der Karriereseite. Zur Implementierung einer authentischen und starken Arbeitgeber:innenmarke bedarf es eines Strategieprozesses, dessen Basis die Employer Value Proposition (EVP) — zu deutsch: Werteversprechen der Arbeitgeber:innen — ist.

Employer Value Proposition (EVP): Das Werteversprechen der Arbeitgeber:innen

Den Ausgangspunkt eines Employer Brandings bildet die Identifikation der Bedürfnisse sowohl der bestehenden als auch der zukünftigen Mitarbeiter:innen. Es muss analysiert werden, welche Faktoren für aktuelle und potenzielle Mitarbeiter:innen bei der Auswahl möglicher Arbeitgeber:innen von entscheidender Bedeutung sind, und etabliert werden, wie das eigene Unternehmen in dieser Hinsicht im Wettbewerb positioniert ist und was bestehende Alleinstellungsmerkmale sind. Im Rahmen der Entwicklung der Arbeitgeber:innenmarke müssen klare Kernbotschaften für die einzelnen internen und externen Zielgruppen erarbeitet werden. Mit einer guten EVP wird die Arbeitgeber:innenmarke gestärkt, das Unternehmen kann sich als attraktives „Match“ für Kandidat:innen positionieren und sich von der Konkurrenz abgrenzen.

Die Werteversprechen der Arbeitgeber:innen basieren dabei auf unternehmensinternen und -externen Elementen. Bei der Entwicklung eines authentischen Werteversprechens gilt es daher, interne und externe Perspektiven zu erfassen und abzugleichen. Wie Arbeitgeber:innen ihre EVP formulieren können, wird nachfolgend beschrieben.

Wer ist am Prozess beteiligt?

Die Ausarbeitung und Erstellung einer überzeugenden EVP ist eine Gemeinschaftsaufgabe. Hierzu ist ein Team nötig, das fokussiert und langfristig das Thema angeht und im Unternehmen treibt. Zudem handelt es sich um ein übergreifendes Projekt, für das Mitglieder verschiedener Fachabteilungen tätig sein müssen. Oft finden sich in solchen Teams nur Mitarbeiter:innen aus den Bereichen Personalmarketing, Recruiting und Marketing. Für die Ausrichtung der EVP sollte auf jeden Fall die Geschäftsführung und die Personalentwicklung eingebunden werden, um sicherzustellen, dass diese an die Unternehmensstrategie anknüpft.

Wer ist die Zielgruppe?

Alle Kandidat:innen sind individuell und haben andere Erwartungen und Bedürfnisse, dementsprechend gibt es kein Schema F für eine gute EVP. Es sollte klar sein, wer genau angesprochen werden soll. Welche Positionen sind zu besetzen? In welchen Abteilungen gibt es offene Vakanzen? Was sind Wechselmotivatoren? Macht Regionalität einen Unterschied? Die Antworten auf diese Fragen gilt es zu beantworten. Entsprechend wird eine spezifische und relevante Kommunikation für die unterschiedlichen Zielgruppen entwickelt. Die Basis für die Ausrichtung der Kommunikation ist die EVP. So ist gewährleistet, dass die Kommunikation trotz verschiedener Zielgruppen konsistent bleibt.

Was sind die Stärken der Arbeitgeberin oder des Arbeitgebers?

Was macht das Unternehmen besonders gut? Warum arbeiten die Mitarbeiter:innen gerne dort? Ein einfacher Weg an diese Informationen zu kommen, ist eine Befragung der eigenen Mitarbeiter:innen. Hierzu eignen sich Umfragen oder auch qualitative Interviews mit einzelnen Mitarbeiter:innen. Wichtig ist, die Meinungen unterschiedlicher Fachrichtungen zu erhalten, um ein möglichst aussagekräftiges Bild zu erhalten. Die Stärken eines Unternehmens lassen sich in verschiedenen Kontexten verordnen. Nachfolgend ein paar Beispiele:

Die Vergütung

Die Vergütung ist nach wie vor eine der am häufigsten genannten Aspekte beim Jobwechsel. Insofern ist der Blick auf das Gehaltsgefüge im Unternehmen essenziell. Liegt dieses im Branchenvergleich über dem Marktdurchschnitt, ist das ein gutes Argument für das Unternehmen. Ist dies nicht der Fall, ist das nicht direkt gravierend. Allerdings sollte dieses Manko in den Überlegungen zur Gestaltung der EVP Berücksichtigung finden, indem geschaut wird, über welche anderen Faktoren das Unternehmen verfügt, um diesen Nachteil auszugleichen. Dies könnten z. B. vergünstigte Fahrkarten für den Nahverkehr sein, Ermäßigungen für den Fitnessclub oder die eigenen Produkte und Services.

Arbeitsumgebung und Benefits

In Entscheidungssituationen können ein attraktives Arbeitsumfeld und Benefits den Unterschied machen. Bisweilen haben Unternehmen bereits zahlreiche Benefits unterschiedlicher Größenordnungen. Hierzu gehören etwa die firmeneigene KiTa, höhenverstellbare Tische, Workation, kostenfreie Mahlzeiten, Fahrradleasing, u. v. m. Auch diese spielen bei der Definition der EVP eine erhebliche Rolle.

New Work

Wir befinden uns im Umbruch zu einer neuen Arbeitswelt. Hat das Unternehmen Faktoren, die an den New Work Gedanken anknüpfen? Bedingt durch die positiven Learnings aus der Pandemie planen viele Unternehmen neuartige Arbeitsformen wie Remote Work, Hybrid Work oder flexible Arbeitszeitmodelle standardmäßig einzuführen. Auch diese attraktiven Faktoren sollten in der EVP berücksichtigt werden.

Unternehmenskultur

Für welche Werte steht das Unternehmen ein? Je stärker sich die Zielgruppen mit den Werten der Unternehmen identifizieren können, umso besser. Hierbei sind verschiedene Ausrichtungen denkbar: Menschliche, gesellschaftliche oder soziale Einstellungen – zeigt das Unternehmen Verantwortungsbewusstsein für Themen wie z. B. Umweltschutz oder Familienfreundlichkeit?

Karrierechancen

Höher, schneller, weiter – viele High Potentials können es kaum erwarten, den nächsten Karriereschritt zu machen. Hat das Unternehmen Trainingsbudgets für seine Mitarbeiter:innen und setzt sich für ihre Weiterentwicklung ein? Wie schnell sind Karriereschritte möglich? Gibt es Mentor:innen-Programme?

Zeigt man den Kandidat:innen Möglichkeiten zur individuellen Weiterentwicklung und Perspektiven?

Arbeitsplatz-Sicherheit

Beständigkeit, Marktführer:innenschaft und ein kontinuierliches Wachstum — klingt zunächst nicht so ansprechend wie z. B. Sabbatical oder Remote Work. Für Kandidat:innen mit einem großen Bedürfnis nach Sicherheit können diese Punkte allerdings ausschlaggebend sein.

Was macht die Konkurrenz?

Wie im Wirtschaftsleben üblich, ist es auch im Employer Branding sinnvoll, die Konkurrenz im Blick zu haben: Welches Werteversprechen legen andere Unternehmen an den Tag und wie sehen ihre Employer Branding-Aktivitäten in den sozialen Netzwerken aus? Gibt es Unterschiede zwischen dem eigenen Angebot und dem der anderen? Welche Learnings können daraus gezogen werden? Was bietet das eigene Unternehmen, das die Konkurrenz nicht hat? Interessant ist auch ein Blick auf die Bewertungen anderer Unternehmen durch deren Mitarbeiter:innen. Geeignete Plattformen sind Marktführer kununu und Glassdoor.

Die Formulierung der EVP

Das Team steht, die Zielgruppen und Stärken sind definiert und man ist über die Schwachstellen der Konkurrenz im Bilde. Der Formulierung der EVP steht also nichts mehr im Weg. Dabei sollte das Unternehmen sich selbst treu bleiben und ehrlich sein. Es geht nicht darum, eine utopische Kombination aus Vorteilen aufzulisten, sondern darum, die attraktive Realität durch gute Kombination der Faktoren aufzuzeigen. Man sollte sich dabei deutlich von der Konkurrenz abgrenzen und das persönliche Alleinstellungsmerkmal identifizieren. Typische Formulierungen wie „flache Hierarchien" oder „vielfältige Aufgaben" sollte man möglichst vermeiden. Stattdessen sollte man sich überlegen, welche Vorteile man zu bieten hat und welche davon besonders anziehend wirken. Je individueller und konkreter die EVP, desto glaubwürdiger und stärker ist sie auch.

Employer Branding wirkt nach innen und nach außen

Im Gegensatz zum klassischen Personalmarketing wirkt Employer Branding auch besonders stark nach innen. Es dient der Mitarbeiter:innenbindung und der positiven Aufladung der Arbeitgeber:innen, um für Mitarbeiter:innen ein Umfeld zu schaffen, in dem sie möglichst gern, möglichst lange und erfolgreich arbeiten können.

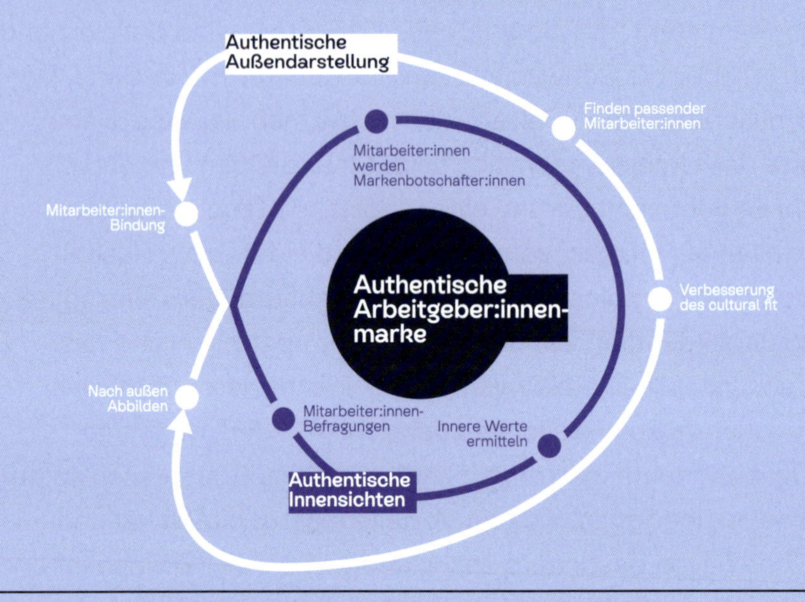

Employer Branding wirkt nach innen und außen

Dabei ist das Ganze eine Symbiose. Alles beginnt mit der Employer Value Proposition und den eigenen Werten. Sind diese klar, können sie nach innen kommuniziert werden. Die Mitarbeiter:innen sollten mit diesen vertraut sein. Dies schafft Identifikation und Zugehörigkeit. Mit Hilfe von Mitarbeiter:innenbefragungen können die Werte gut ermittelt und deren Wirksamkeit regelmäßig überprüft werden.

Sind die Werte des Unternehmens im Einklang mit der gelebten Realität im Unternehmen? Dann gelingt es besser, eigene Mitarbeiter:innen dazu zu motivieren, authentische

Botschafter:innen des Unternehmens zu werden. Sie tragen die Werte und die Botschaft des Unternehmens jeden Tag nach außen und sind deshalb die glaubwürdigste und wichtigste Instanz, wenn es darum geht, die Arbeitskultur öffentlich zu kommunizieren.

Nicht zuletzt hat eine hohe Identifikation mit dem Unternehmen eine positive Wirkung auf die Fluktuation. Denn wer sich wohl fühlt und auch noch Spaß bei der Arbeit hat, fair bezahlt wird und Entscheidungen transparent nachvollziehen kann, bleibt auch tendenziell länger im Unternehmen. Das ist das Ziel im New Hiring.

Durch die im Vorwort diskutierten Megatrends werden Kandidat:innen und besonders hochqualifizierte Mitarbeiter:innen in den nächsten Jahren noch rarer. Daher sollten die Mitarbeiter:innen, die bereits im Unternehmen sind, besonders in den Fokus gerückt werden. **Mitarbeiter:innen Retention ist das wichtigste Investment im New Hiring.**

Hierzu gehören auch Mitarbeiter:innen-Erfolgsstorys. Warum kommen die Mitarbeiter:innen jeden morgen mit einem Lächeln zur Arbeit? Was macht das Unternehmen für sie aus? Wer ist die/der Lieblingskolleg:in und warum sind sie nach so vielen Jahren immer noch hier? Warum würde man jemandem in ihrer/seiner Familie oder im Freundeskreis empfehlen, ebenfalls für die/den Arbeitgeber:in tätig zu werden?

Im New Hiring werden diese Erfolgsgeschichten im Employer Branding aktiv erzählt und nach außen getragen. Dabei muss es nicht immer perfekter Hochglanz sein, sondern es kommt auf eine authentische Darstellung dessen an, wie es wirklich ist in diesem Unternehmen zu arbeiten. Indem man diese Informationen also nach außen abbildet, erhöht man die Chancen, einen guten Cultural Fit bei Kandidat:innen herzustellen.

Die gelebte Kultur des Unternehmens wird transparent und Kandidat:innen können besser abgleichen, ob das Unternehmen zu ihnen passen könnte. All das ermöglicht es im New Hiring, viel effizienter und gezielter Talente anzuziehen und anzusprechen. Eine wirkungsvolle Arbeitgeber:innenmarke ist für erfolgreiches New Hiring eben das Herzstück und unverzichtbar.

Employer Branding ist keine Einbahnstraße: Die Macht der Arbeitgeber:innenbewertungen

Nur wenige Menschen gehen heute in ein Elektronikgeschäft und nehmen spontan für mehrere tausend Euro ein Notebook mit nach Hause. Vorher wird online recherchiert – dabei werden immer häufiger die Produktbeschreibungen des

Herstellers geflissentlich überflogen. Was zählt, sind die Bewertungen anderer Kund:innen. Welche Erfahrungen haben sie gemacht? Kann der Hersteller die Versprechungen halten? Würden Sie das Notebook weiterempfehlen?

Genau dieses Prinzip trifft auch auf das Employer Branding zu: Am Ende ist es nun mal das Unternehmen selbst, das seine Marke nach außen spiegelt. Große Konzerne geben mitunter hohe Summen dafür aus. Aber ist es in der Realität wirklich so? Wenn man schon nicht bei der Wahl des Computers die Katze im Sack kaufen möchte, wieso sollte es dann bei der Jobwahl anders sei – wo es sich hierbei doch um die etwas gewichtigere Lebensentscheidung handelt?

Dank des Internets gibt es heutzutage Plattformen, die genau das schaffen: Auf Arbeitgeber:innenbewertungsplattformen wie kununu und Glassdoor finden sich zahlreiche Bewertungen von aktuellen wie ehemaligen Mitarbeiter:innen. Dass diese bei der Unternehmensauswahl eine wichtige Rolle spielen, zeigt eine Studie des HR-Marktforschungsunternehmens Trendence im Auftrag eines interuniversitären Forscher:innenteams der Universität Innsbruck, der FH Krems und der WU Wien (Trendence, 2022): Die Hälfte der Bewerber:innen verzichtet auf eine Bewerbung, wenn sie Diskrepanzen zwischen dem, was sie auf Bewertungsportalen liest, und dem Arbeitgeber:innenauftritt, entdeckt. Alles ist gläsern geworden.

Employer Branding im New Hiring = Mit Employer Transparency zu mehr Mitarbeiter:innenempfehlungen

Für Unternehmen ist es ein Muss, nicht gegen die öffentlichen Bewertungen zu agieren, sondern aktiv mit diesen zu arbeiten. Und nicht nur das: Arbeitgeber:innen sollten die eigenen Mitarbeiter:innen dazu motivieren, über ihr eigenes Unternehmen zu sprechen! Denn niemand sonst kann authentischer die Arbeitgeber:innenmarke repräsentieren als die eigenen Leute.

Diese sogenannte Employer Transparency ist eine großartige Gelegenheit für Unternehmen und daher fest im New Hiring verankert. Arbeitgeber:innen haben besonders über Social Media eine Chance, die virtuellen Fenster so weit wie möglich nach innen auf zu machen, um zu zeigen wie es sich anfühlt, bei dem Unternehmen zu arbeiten. Indem man mit Bildern und Videomaterial aktiv zeigt, wie sich der Arbeitsalltag gestaltet, sind Arbeitgeber:innenbewertungsplattformen eine wunderbare Chance mit Mitarbeiter:innen und Kandidat:innen in den Austausch zu gehen. Wenn man möglichst viel Transparenz nach außen, aber auch nach innen an den Tag legt, indem Mitarbeiter:innen die Chance gegeben wird, aktiv mitzuwirken, Entscheidungen nachzuvollziehen oder sie sogar zu gestalten, dann kann sich das positiv auf die Weiterempfehlungsrate von Freund:innen und Bekannten auswirken.

Denn Mitarbeiter:innempfehlungen sind die größte Erfolgsgarantie und werden noch immer viel zu wenig genutzt.

Mitarbeiter:innempfehlungen haben zahlreiche Vorteile im Recruiting: Geringere Cost-per-Hire, kürzere Time-to-Hire, eine Effizienzsteigerung für den Fachbereich und all das mit nur einer Maßnahme. Das Beste daran ist, dass jedes Unternehmen bereits über die Hauptakteur:innen verfügt: die eigenen Mitarbeiter:innen. Sie können passende, talentierte Bekannte aus ihrem persönlichen Netzwerk für eine offene Position empfehlen. Dennoch benutzen bisher nur wenige Unternehmen strukturierte Empfehlungsprogramme. Dabei sind diese Programme eine smarte Ergänzung zu bestehenden Recruiting-Maßnahmen und bieten viele Vorteile:

Schnelligkeit: Der Screening-Prozess kann beschleunigt werden und das Unternehmen bekommt im besten Fall mehrere geeignete Top-Kandidat:innen mit bereits vorhandenem Interesse und starker Wechselmotivation auf dem Silbertablett serviert. Die Kirsche auf der Torte: Diese Kandidat:innen haben von ihren Bekannten bereits wertvolle Infos erhalten, wissen folglich schon, wie es sich anfühlt beim Unternehmen zu arbeiten und sind somit gut vorbereitet.

Mitarbeiter:innenempfehlungen senken nachweislich die Time-to-hire. So wurde herausgefunden, dass solche Kandidat:innen bis zu 55Prozent schneller eingestellt werden (Toolbox, 2021). Außerdem nehmen sie statistisch signifikant häufiger (Chamberlain, 2015) ein Jobangebot an als Kandidat:innen aus anderen Recruiting-Quellen.

Kostensparend: Empfehlungen haben außerdem einen positiven Einfluss auf die Einstellungskosten (Cost-per-hire). Denn Mitarbeiter:innen agieren im Grunde als Recruiter:innen des Unternehmens und somit können die tatsächlichen

Recruiter:innen ihre Zeit effizienter nutzen, indem sie sich auf die anschließenden Arbeiten konzentrieren. Zudem können die Kosten für weitere Maßnahmen wie das Schalten von Stellenanzeigen verringert werden.

Mitarbeiter:innenempfehlungsprogramme können Unternehmen zu Einsparungen von bis zu 3.000 € pro Hire verhelfen (Duke, 2022).

Treffsicher: It's a match! Wer könnte besser beurteilen, ob eine Person in das Arbeitsumfeld passt als der bzw. die Mitarbeiter:in? Die Treffsicherheit beweisen diese Zahlen: 88 Prozent aller Arbeitgeber:innen gaben an, dass Mitarbeiter:innenempfehlungen die beste Quelle für überdurchschnittlich gute Kandidat:innen sind (Hyman, 2019).

Worauf bei Mitarbeiter:innenempfehlungen zu achten ist

Mitarbeiter:innen werben Mitarbeiter:innen. Klingt einfach, ist es eigentlich auch. Und dennoch gibt es einiges zu beachten. Um einen Anreiz für die Kolleg:innen zu bieten, werden Referrals meist prämiert, in der Regel mit Geld. Das kann jedoch ein Problem darstellen.

In der Vorstellung sollten Mitarbeiter:innen das Unternehmen aus Überzeugung empfehlen und nicht nur wegen der Belohnung. Dafür müssen die Werte der Employer Value Proposition gelebt werden. Denn Belohnungssysteme entbinden Arbeitgeber:innen nicht von der Pflicht, ein positives Arbeitsumfeld zu schaffen, bei welchem die Mitarbeiter:innen jeden Tag gern in den Arbeitstag starten. Bei einer schlechten Arbeitsatmosphäre ist davon auszugehen, dass die Referrals eher halbherzig aus einer finanziellen Motivation heraus gesucht werden. Empfehlungen sollten also aus einer intrinsischen Motivation heraus erfolgen. Zufriedene Mitarbeiter:innen schauen sich gerne in ihrem Netzwerk nach Top-Kandidat:innen um und freuen sich, dem Unternehmen dadurch etwas zurückgeben zu können.

Wie funktioniert ein Mitarbeiter:innenempfehlungsprogramm?

Um ein Empfehlungsprogramm erfolgreich zu implementieren, müssen folgende Grundvoraussetzungen geschaffen werden:

- Mitarbeiter:innen müssen über offene Positionen informiert und kontinuierlich daran erinnert werden.
- Es muss nachvollziehbar sein, über wen die Bewerbung akquiriert wurde.

- Die Stellenanzeigen sollten einfach zu finden und mit wenigen Klicks in sozialen Netzwerken geteilt werden können.

- Mitarbeiter:innen sollten über die einzelnen Schritte auf dem Laufenden gehalten werden.

- Wenn es Prämien für erfolgreiche Empfehlungen gibt, sollte klar sein, wann und in welcher Form diese erlangt werden (z. B. Geldprämie in einer bestimmten Höhe direkt nach der Einstellung oder erst nach der Beendigung der Probezeit).

Zur besseren Verwaltung können spezielle automatisierte Mitarbeiter:innenempfehlungsprogramme zum Einsatz kommen — dies macht insbesondere für Unternehmen Sinn, die viele Stellen zu besetzen haben und entsprechend über eine hohe Anzahl Mitarbeiter:innen verfügen. Andererseits ist natürlich auch ein manueller Prozess möglich, bei welchem die HR-Abteilung die Stellenausschreibungen mit allen Kolleg:innen teilt und festlegt, wie der Rückschluss auf die/den Empfehlenden erfolgen soll.

Damit das Ganze ins Rollen kommt, ist es hilfreich, die Recruiting und Employer Branding Ziele des Unternehmens gegenüber den Mitarbeiter:innen sichtbar zu machen. Ist auch das geklärt, wird es höchste Zeit, mit einem Mitarbeiter:innenempfehlungsprogramm durchzustarten!

Kapitel 4

Live it: Neue Unternehmenskultur

Der wesentliche Aspekt, der jedes Unternehmen einzigartig macht, ist die gelebte Kultur im Unternehmen. Da der Druck auf das Recruiting immer größer wird, ist es essenziell, diese inneren Werte nach außen zu tragen und sichtbar zu machen.

„Wir haben kein Patent und alles, was wir machen, kann von anderen kopiert werden. Was man nicht kopieren kann, sind das Herz und die Seele und das Gewissen unseres Unternehmens." — Howard Schultz (ehemaliger CEO von Starbucks)

Das Unternehmen kann also eine noch so schöne Vision, Mission und ein Leitbild mit konkreten Zielen entwickeln — am Ende kommt es darauf an, welche Werte von den Mitarbeiter:innen tatsächlich im Alltag gelebt werden.

Die Arbeitgeber:innenbewertungsplattform kununu verfolgt seit einiger Zeit das Ziel, die Unternehmenskultur für Bewerber:innen greif- und sichtbar zu machen. Um diese zu ermitteln, bittet kununu die Mitarbeiter:innen aus 160 Wertebegriffen jene auszuwählen, die ihrer Meinung nach zum Unternehmen passen, bei dem sie beschäftigt sind. Sobald genügend Mitarbeiter:innen an der Umfrage teilgenommen haben, werden die Ergebnisse plakativ dargestellt. So können Bewerber:innen leicht sehen, ob das Unternehmen eher traditionell oder modern veranlagt ist und abgleichen, ob diese mit ihrer eigenen Präferenz übereinstimmen. Denn wie so häufig gilt: Es gibt kein Richtig und kein Falsch. Manche Menschen möchten lieber in einem traditionell arbeitenden Unternehmen tätig sein, andere wiederum in einem modernen Umfeld.

Die 160 Wertebegriffe gehören zu den Bereichen Work-Life-Balance, Zusammenarbeit, Führung und strategische Ausrichtung. Diese Dimension hilft Kandidat:innen somit einschätzen zu können, ob ihnen ein Unternehmen kulturell das bieten kann, was sie sich erhoffen. Nachfolgend werden diese weiter ausgeführt.

Work-Life-Balance

Die Vereinbarkeit von Beruf und dem persönlichen Leben ist so bedeutsam wie nie zuvor. Eine der Folgen der Corona Pandemie ist, dass Familien durch Remote Work mehr Zeit miteinander verbracht haben. Kinderbetreuung, Privatleben und Job waren dadurch besser miteinander vereinbar. Diese Flexibilität durch Arbeit aus dem Homeoffice möchten Menschen weiterhin in Anspruch nehmen, ohne dass dadurch ökonomische Nachteile für Unternehmen entstehen. Die Pandemie hat gezeigt: Es funktioniert.

Auch Jobsharing-Modelle, die 4-Tage Woche oder mehr Optionen für Teilzeit können hier eine Alternative sein. Es gibt bereits Unternehmen, die mit gutem Beispiel vorangehen und zeigen, dass dieses Modell funktioniert. Nehmen wir zum Beispiel CHAN von Unilever. CHAN steht für Christiane Haasis und Angela Nelissen. Gemeinsam teilen sie sich seit bereits zehn Jahren im Job-Sharing die Stelle des Vice President Refreshment. Oder die Deutsche Bahn: Hier teilen sich Anna Schak und Julia Staudt die Leitung des Bereichs Training, Learning und Consulting.

Zusammenarbeit

Zusammenarbeit erleben wir jeden Tag im Unternehmen. Wie arbeiten wir im Team zusammen? Sind wir eher agil und gemeinschaftlich geprägt oder stehen einzelne Resultate im Vordergrund? Wie kommunizieren wir hier miteinander und welche Rolle nimmt jede:r Einzelne ein? Die Zusammenarbeit spiegelt das Denken und Handeln wider, welches sich bewährt hat, um gemeinsam erfolgreich zu sein.

Führung

Es gibt den schönen Satz, dass man nicht ein Unternehmen, sondern einen Chef:in verlässt. Führung ist innerhalb eines Unternehmens ein maßgeblicher Punkt für die Kultur. Verschiedene Führungsstile in den unterschiedlichsten Ausprägungen haben sich über die Jahrzehnte entwickelt. Im Wesentlichen geht es im New Hiring darum, eine neue Art von Führung zu leben, die mehr einbindet und sich den individuellen Bedürfnissen der Mitarbeiter:innen widmet, um sie im Unternehmen zu halten und für das Unternehmen zu begeistern. Doch auch hier gibt es Unterschiede — manche

Unternehmen pflegen einen direktiveren Führungsstil und anderen wiederum einen freieren. Auch wenn diese sehr unterschiedlich sind: Am Ende ist wichtig, dass sich die Mitarbeiter:innen mit dem Stil wohlfühlen.

Strategische Ausrichtung

Treibt das Unternehmen eher aktiv Veränderungen voran oder setzt es auf Konstanz und Stabilität? Auch hier kommt es darauf an, mit welcher Ausrichtung sich der oder die Mitarbeiter:in wohler fühlt. Manche lieben die Veränderung und möchten, dass sich ihr Job, das Umfeld und vieles um sie herum häufig verändert. Andere Mitarbeiter:innen wiederum schätzen die Stabilität.

Diversity als maßgeblicher Aspekt im Employer Branding

Es ist ein Fakt: Diversity ist kein Schönwetterthema, sondern wirkt sich positiv auf die Arbeitgeber:innenmarke und auf die Wirtschaftlichkeit des Unternehmens aus. Laut einer Studie von McKinsey (2020) haben divers aufgestellte Unternehmen eine 25 Prozent höhere Wahrscheinlichkeit, überdurchschnittlich profitabel zu sein. Durch den Einfluss verschiedener Perspektiven kann die Kreativität gesteigert werden. Heterogene Teams können auf einen größeren und vielseitigeren Pool von Ideen und Methoden zurückgreifen, was die Innovationskraft des Unternehmens fördern kann.

Auch die Attraktivität als Arbeitgeber:in ist höher bei diversen Unternehmen und bei großer Vielfalt unter den Mitarbeiter:innen. So gaben 77 Prozent der Teilnehmer:innen einer Studie von Stepstone (2020) an, dass sie sich eher bei einem Unternehmen bewerben würden, welches sich tolerant, vielfältig und offen präsentiert.

Und dennoch: Die Studie zeigt leider auch, dass es in Deutschland noch großes Verbesserungspotenzial hinsichtlich der Vielfalt am Arbeitsplatz gibt. Ganze 45 Prozent der Befragten bemängeln den Status Quo von Diversity und Chancengleichheit und sehen hier Optimierungspotenziale. In Bezug auf die Gleichbehandlung verschiedener Personengruppen liefert eine Studie von truffls (2020) interessante Erkenntnisse: Fast 60 Prozent der Befragten sind überzeugt, dass Frauen und Personen mit Migrationshintergrund es schwerer haben beruflich voranzukommen.

Offensichtlich bringt Diversity das Thema Employer Branding voran, aber auch im Recruiting zeigt sie Wirkung: Denn wenn Recruiter:innen über den Tellerrand schauen und auch Kandidat:innen in Betracht ziehen, die nicht dem archetypischen Bild entsprechen, vergrößert sich logischerweise die Größe des potenziellen Kandidat:innenpools immens.

Sinnvoll ist auch, im wahrsten Sinne des Wortes über die eigenen Grenzen zu schauen: Je nachdem, welche Stellen im Unternehmen besetzt werden müssen, kann es hilfreich sein, im Ausland zu rekrutieren oder Fachkräfte einzustellen, die erst kürzlich nach Deutschland gekommen sind. Auch hier ist Offenheit das A und O. Wie oft hört man schließlich von top ausgebildeten Einwander:innen, deren Qualifikationen hierzulande nicht anerkannt werden?

Leider ist jedoch das, was so einfach klingt, nicht immer leicht umsetzen. Denn damit dies in der Praxis gelingt, muss der gesamte Recruitingprozess auf Herz und Nieren geprüft werden. Dazu gehört auch, sich als Recruiter:in des eigenen Unconscious Bias bewusst zu werden. Der Begriff bezeichnet, wie schon erwähnt, unbewusste Vorurteile, die unser Urteilsvermögen beeinflussen und dadurch eine große Hürde für das Diversity Recruiting darstellen.

Die eigene Voreingenommenheit aufzudecken und zu hinterfragen, ist der erste Schritt in Richtung Chancengleichheit. Aber es gibt noch mehr, was man als Recruiter:in tun kann, um die Diversität im Unternehmen aktiv voranzutreiben:

1. **Die eigenen unbewussten Vorurteile im Recruitingprozess verstehen und überwinden**

Um gleiche Bedingungen für alle zu schaffen, sollten sich Recruiter:innen der eigenen unbewussten Vorurteile bewusst werden. Dazu hilft es, die eigenen Wahrnehmungen kritisch zu hinterfragen oder andere Meinungen einzuholen. Für mehr Neutralität kann es helfen, Prozesse teilweise zu standardisieren. So kann in Interviewsituationen auf einen vorab definierten Fragenkatalog zurückgegriffen werden. Ebenso könnte es feste Bewertungskriterien geben. Zudem sind Interviews im Team sinnvoll, um mehrere Sichtweisen einfließen zu lassen.

2. Inklusive Stellenausschreibungen

Im Zuge dieser Überlegungen ist es wichtig, Stellenausschreibungen regelmäßig zu überprüfen, ob Formulierungen und Aussagen Personengruppen abschrecken, ausschließen oder gar diskriminieren könnten. Beispiele für inklusive Sprache sind z. B. das Gendern, Muttersprache Deutsch oder die Berücksichtigung von non-binären Geschlechtsidentitäten. Um einen inklusiven Standard zu etablieren, empfiehlt es sich Dos and Don'ts festzulegen und Stellenausschreibungen vor der Veröffentlichung noch einmal kritisch von einer nicht-beteiligten Person, die sich gut mit inklusiver Sprache auskennt, prüfen zu lassen.

3. Interne Schulungen & Trainings anbieten

Natürlich kann nicht jedes Unternehmen zum Diversity-Profi werden. Aber dennoch: Das Thema ist unternehmensübergreifend relevant. Deswegen ist es wichtig, Mitarbeiter:innen zu schulen, um die Relevanz aufzuzeigen, zu sensibilisieren und Instrumente an die Hand zu geben, um die

Auswirkung der Unconscious Bias zu reduzieren. Das ist besonders essenziell für Personaler:innen und Führungskräfte, die Personalentscheidungen treffen. Auch hier empfiehlt es sich Standards zu etablieren und Leitfäden sowie Infomaterialien zur Verfügung zu stellen.

4. **Inklusives Employer Branding**

Diversity sollte natürlich besonders im Employer Branding Einzug finden und entsprechend kommuniziert werden. So können Bilder, Videos oder persönliche Stories veröffentlicht werden von Mitarbeiter:innen, die zeigen, wie im Unternehmen Diversity und Inklusion gelebt und gefördert wird.

Diversity spielt im New Hiring eine zunehmend wichtige Rolle im Recruitingprozess.

Gehaltstransparenz und Equal-Pay

Geld ist nicht alles. Ganz unwichtig ist es aber auch nicht. Das zeigt eine Studie: Gerade bei jungen Menschen zwischen 18 und 29 hat mehr als jede:r Dritte (35 Prozent) aus diesem Grund den Job gewechselt. Bei Bewerbungsgesprächen ist laut Angaben der HR-Mitarbeiter:innen die Höhe des Gehalts in 83 Prozent der Fälle das zentrale Thema (Forsa 2022a).

Vielen Unternehmen fällt es jedoch nach wie vor schwer, Gehälter transparent zu machen. Das ist verständlich, haben wir doch viele Jahre mit dem Glaubenssatz gelebt, über Geld nicht zu sprechen. In vielen Arbeitsverträgen steht dazu sogar ein Passus. Und doch tun wir es. In der Küche, auf dem Flur, mit Kolleg:innen wie mit Freund:innen.

Unternehmen haben die Wahl: Wollen sie sich zum Spielball des Flurfunks machen oder das Zepter selbst in die Hand nehmen und Tuscheleien und Geheimhaltungen beenden?

Interne Gehaltstransparenz

Viele Unternehmen machen den Fehler, ihren eigenen Mitarbeiter:innen die vorherrschenden Gehaltsspannen vorzuenthalten. Oft ist dies kein bewusster Vorgang. Denn erst einmal kommt der Druck von außen: Die Abteilungen benötigen dringend neue Mitarbeiter:innen, also werden – mit dem wohlgemeinten Gedanken der Transparenz – erste Stellenanzeigen mit Gehaltsspannen veröffentlicht.

Was dann passiert, kann sich jede:r vorstellen. Mitarbeiter:innen des Unternehmens sehen diese und fühlen sich potenziell schlecht behandelt und sind frustriert. Entscheidend ist die interne Kommunikation und Erklärung der Gehaltstransparenz, bevor es auf Stellenanzeigen transparent kommuniziert wird. Daher gilt: Intern vor extern.

Externe Gehaltstransparenz

Das Gehalt – Wechselmotivator Nr. 1. Kandidat:innen möchten wissen, welche Gehaltsspanne sie erwartet, um beurteilen zu können, ob es sich im wahrsten Sinne des Wortes lohnt, Zeit und Mühe in den Bewerbungsprozess zu investieren. Und das ist gut so. Oftmals werden viele Gespräche geführt und am Ende eines mehrwöchigen Prozesses scheitert es am Gehalt. Im New Hiring ist es daher ratsam, von Anfang an mit Kandidat:innen über mögliche Gehaltsvorstellungen zu reden. Viele Stellenanzeigen-Portale nehmen Unternehmen diese Aufgabe teilweise bereits ab, indem sie zwingend die Angabe einer Gehaltsspanne fordern.

Bevor die ersten Gehaltsspannen publiziert werden, ist es wichtig, sich bewusst zu machen, wie die internen Gehaltsbänder strukturiert sind. Gibt es hier bereits Ungleichheiten, dann sollte die Chance genutzt werden, Anpassungen vorzunehmen. Diese Spannen können dann für die ausgeschriebenen Positionen verwendet werden, ohne dass es zu Irritationen kommt.

Tipp: Meist wird nur einmal, nämlich am Anfang, über das Gehalt offen gesprochen. Jede weitere Erhöhung muss neu verhandelt werden. Auch hier tun sich viele Menschen schwer. Wenn die Konkurrenz mit einem sehr viel höheren Gehalt winkt, kann das durchaus ein Argument für einen Wechsel sein. Einige Unternehmen sind deshalb dazu übergegangen, einen regelmäßigen Inflationsausgleich zu zahlen oder Boni, wenn eine bestimmte Leistung erbracht wurde. Unternehmen können aber auch mit alternativen geldwerten Vorteilen wie dem Beitrag zum Fitnessstudio punkten. Und eines ist klar: Unfaires Verhalten muss sich in der heutigen Zeit kein Talent mehr gefallen lassen.

Equal-Pay

Wenn es um das Thema Gehalt geht, kommt schnell die Frage auf, wie sich dieses zwischen den Geschlechtern unterscheidet. Tatsächlich fängt es bereits in der Kindheit an. Studien haben ergeben, dass junge Mädchen bereits im Kindesalter besser für sich verhandeln, wenn ihr:e Gesprächspartner:in weiblich ist. Jungen konnten insgesamt immer besser verhandeln als Mädchen — unabhängig davon, welches Geschlecht die Gegenseite hatte. (Arnold & McAuliffe, 2021). Wie soll also, in einer Welt, in der mehr Männer als Frauen in Führungspositionen sind und Mädchen bereits im frühen Kindesalter so sozialisiert werden, dass sie gegenüber Männern weniger für sich aushandeln, eine Chancengleichheit möglich sein?

Das statistische Bundesamt hat herausgefunden, dass Frauen pro Stunde 18 Prozent weniger verdienen als Männer. In Positionen mit vergleichbaren Qualifikationen, Tätigkeiten und Erwerbsbiografien verdienen Frauen im Schnitt 6 Prozent weniger. (Statistisches Bundesamt 2022). Aber wie kann das sein?

Frauen arbeiten demnach öfter in Branchen und Berufen, die tendenziell schlechter bezahlt werden. Sie sind außerdem viel seltener in Führungspositionen. Was könnten Unternehmen dagegen tun?

In Dänemark gibt es seit 2006 ein Gesetz zur Gehaltstransparenz. Dort müssen Firmen ab einer gewissen Größe Informationen zu Gehältern aufgeteilt nach Geschlechtern führen und offenlegen. In Deutschland muss dafür von der gegebenenfalls benachteiligten Person erst ein Antrag beim Unternehmen gestellt werden. Dies nennt sich „Gehaltstransparenzgesetz" und ist sehr schwammig.

Durch die Offenlegung von Gehältern steigen bei unserem Landesnachbarn Gehälter von Frauen automatisch. Studien haben gezeigt, dass die Gender Pay Gap in Firmen, die Gehaltstransparenz praktizierten, um 7 Prozent zurückging (Bennedsen, Morten et al., 2019). Frauen wurden durch die Gehaltstransparenz öfter eingestellt und auch befördert, wohingegen die Gehälter von Männern langsamer stiegen.

Es gibt also noch viel zu tun! Indem wir uns diese Dinge bewusst machen, haben wir schon den ersten Schritt in Richtung Veränderung getan.

Kapitel 5

New Plus: Benefits im New Hiring

Man kennt es aus Stellenanzeigen: Meist sind sie ganz unten aufgelistet, die sogenannten Benefits, also all die Dinge, die Bewerber:innen von der/dem potenziellen neuen Arbeitgeber:in neben dem Gehalt erwarten können. Hoch im Kurs: der gute alte Obstkorb, unendlich viele Kaffeevariationen, Tischtennisplatte, elektronische Devices zur privaten Nutzung und natürlich gibt es große Feiern im Sommer und Winter. Ohne Zweifel sind das alles Dinge, die man als Mitarbeiter:in gerne mitnimmt. Gleichzeitig sind viele dieser Maßnahmen mehr oder weniger Standard und keine Alleinstellungsmerkmale mehr.

Dabei sind Benefits heutzutage wichtiger denn je. Die richtigen Benefits haben das Potenzial, kulturstiftend für Unternehmen zu sein. Sie können den „Social Glue“ fördern, der einen Arbeitsplatz zu einem besonderen Ort macht, an dem Mitarbeiter:innen gerne arbeiten, an dem sie sich wohlfühlen, weiterentwickeln und dem sie treu sind.

New Normal macht Flexibilität zum Standard und erfordert neue Maßnahmen

Die Jahre der Corona-Pandemie haben allen viel abverlangt — gesundheitliche Sorgen, wirtschaftliche Unsicherheit, Belastung durch geschlossene KiTas und Schulen, ein begrenztes Sozialleben. Rückblickend hatte die Corona-Pandemie aber auch einige positive Auswirkungen auf das Arbeitsleben. Im Grunde war es eine Art Crashkurs für New Work: In Unternehmen, in denen Home Office bisher als nicht umsetzbar galt, funktionierte das Arbeiten von daheim ganz plötzlich. Unternehmen konnten gar nicht anders, als ihren Mitarbeiter:innen flexible Arbeitszeiten zu ermöglichen, da Betreuungseinrichtungen geschlossen waren.

Es bleibt zu hoffen, dass viele Unternehmen die coronabedingten Benefits beibehalten. Flexibles Arbeiten sollte zum Standardprogramm zählen. Dazu zählt auch, dass Arbeitgeber:innen ihre Mitarbeiter:innen bei der Gestaltung des Arbeitsplatzes in den eigenen vier Wänden unterstützen — zum Beispiel in Form einer Pauschale für die Beschaffung der Hardware.

Dabei gibt es zahlreiche Aspekte und Maßnahmen, die jetzt und für die Zukunft sinnvoll und nachhaltig sind:

Neue Jobs setzen lebenslanges Lernen voraus

Wir leben in einem Zeitalter, das maßgeblich geprägt ist vom Wandel: Neue Technologien und Tools verändern unseren Alltag und unsere Arbeitswelt. Im Zuge dieser Entwicklungen verschwinden Tätigkeiten und zeitgleich entstehen neue. Laut einer Studie des Weltwirtschaftsforums werden bis 2025 in 26 untersuchten Volkswirtschaften 85 Millionen Arbeitsplätze nicht mehr existieren. Dem gegenüber stehen laut des Reports 97 Millionen neue Arbeitsplätze in der gesamten Pflegewirtschaft und in den Technologiebranchen der Industrie 4.0 (Der Standard, 2020).

Konsequenterweise muss eine konstante Weiterqualifizierung ein Ziel sein, damit heutige Berufstätige langfristig am Erwerbsleben teilhaben können. Arbeitgeber:innen können ihren Mitarbeiter:innen entsprechende Angebote wie Trainings, Seminare und Coachings anbieten. Viele Unternehmen stellen hierfür extra Budgets bereit. Am Ende profitieren alle von dieser Maßnahme: Die Mitarbeiter:innen sind zufriedener, die Arbeitgeber:innen verfügen über qualifiziertere Arbeitskräfte und die Wirtschaft wird langfristig gestärkt.

New Work Culture: Positiv, vertrauensvoll und wertschätzend

Noch vor wenigen Jahren war die Arbeit eng mit dem Arbeitsplatz verbunden. Mitunter wurde Leistung mit der Anzahl der geleisteten Stunden gleichgesetzt – das tatsächliche Ergebnis war Nebensache. Arbeit war Arbeit (und die galt es zu überwachen) und Freizeit war Freizeit. Im Zuge der New Work Bewegung weht in vielen Unternehmen mittlerweile ein frischer Wind: Die Qualität des Ergebnisses zählt, nicht das Sitzfleisch. Gleichermaßen sollten Mitarbeiter:innen über die Autonomie verfügen, selbst zu entscheiden, wie sie zu diesen Ergebnissen kommen. Der oder die Vorgesetzte dient somit als Sparringpartner:in.

Natürlich wollen oder können nicht alle Personen auf diese Weise arbeiten. Und das ist auch völlig in Ordnung. Am Ende geht es darum, zu wissen, was das eigene Team und die einzelnen Mitglieder wollen. Im Grunde ist es recht simpel: Menschen fühlen sich viel wohler, sind motivierter — und können viel besser ihre Fähigkeiten einbringen, wenn ihre eigenen Bedürfnisse und Wünsche respektiert und akzeptiert werden. Unternehmen haben es selbst in der Hand, eine positive, wertschätzende Arbeitskultur zu etablieren, Vielfalt und Partizipation zuzulassen.

Das Büro als Lebensraum

Die Corona-Pandemie hat die Arbeitswelt flexibler gemacht und das ist gut so. Menschen nutzen ihre Home Office-Tage, wenn sie konzentriert an einer Sache arbeiten, die Pendelei zur Rush-Hour vermeiden wollen oder einfach weil sie lieber von daheim arbeiten. Logischerweise stellt sich die Frage, ob das Büro überhaupt noch einen Stellenwert besitzt.

Tatsächlich gewinnt das Büro für Führungskräfte wie für das Team an Wichtigkeit — sofern dieses neu gedacht wird. Denn das Büro bietet die Chance, eine einzigartige Arbeitskultur zu vermitteln. Mit dem Abklingen der Pandemie sollten Unternehmen versuchen, das Büro zum Ort zu machen, an dem die Mitarbeiter:innen gerne Zeit verbringen. Es ist eine Begegnungsstätte, um sich mit Kolleg:innen auszutauschen, neue Dinge zu lernen, Spaß zu haben. Hierfür ist es ratsam, zu überlegen, wie das Büro langfristig anders gestaltet und was darüber hinaus angeboten werden kann. Überlegenswert sind beispielsweise offene Raumkonzepte statt Einzelbüros, Möglichkeiten für kreative Workshops, aber auch regelmäßig stattfindende Events, die auch einen unterhaltsamen Charakter haben dürfen. Wie wäre beispielsweise ein Tag, an dem Mitarbeiter:innen in kleinen Gruppen, gemeinsam an neuen Ideen für das Unternehmen tüfteln können — losgelöst von der Alltagsroutine?

Keine Frage, es ist ein Aufwand. Aber dieser zahlt sich aus. Denn letztlich muss das Ziel des Unternehmens sein, eine gute Atmosphäre zu schaffen, um die Bindung zu den Mitarbeiter:innen und das Zugehörigkeitsgefühl untereinander zu stärken. Zufriedene Mitarbeiter:innen gehen gerne zur Arbeit, wollen sich weiterentwickeln und ihre Potenziale abrufen.

Kapitel 6

New Leadership: Die neue Rolle der Führungskraft

Welche Führungskraft kennt die Situation nicht: Offene Positionen im Team, die dringend besetzt werden müssen. Projekte, die endlich vorangebracht werden müssen, für die aber keine Talente in Sicht sind. Auch wenn es nur ein kleiner Trost ist — mit dieser Sorge ist jede Führungskraft in bester Gesellschaft; so hart es klingt.

Dass es schwierig ist, passende Kandidat:innen zu finden, ist nichts neues — der Fachkräftemangel macht sich seit Jahren in vielen Branchen bemerkbar und verschärft sich weiter. Laut Bundesagentur für Arbeit wurden im Oktober 2021 1,2 Millionen Arbeitskräfte gesucht, davon zwei Drittel Fachkräfte (Haas, 2021).

Wie eingangs beschrieben denken im Jahr 2022 viele Beschäftigte in Deutschland über einen Jobwechsel nach. 37 Prozent stehen laut des Meinungsforschungsinstituts Forsa dieser Entscheidung offen gegenüber — das sind ganze 12 Prozent mehr als im Vorjahr. Was manche:r noch alarmierender empfinden wird: Im deutschsprachigen Raum kündigt jede:r Vierte, ohne eine neue Stelle zu haben (Forsa, 2022b).

Diese Entwicklung führt dazu, dass sich der heutige Arbeitsmarkt vom Angebots- zum Nachfragemarkt gewandelt hat: Nicht der oder die Arbeitnehmer:in sucht, sondern die Unternehmen. Entsprechend können sich Angehörige zahlreicher Berufsgruppen das Unternehmen, für das sie tätig sein wollen, aussuchen. Die Verhältnisse haben sich gedreht.

Keine Frage, dies ist eine Herausforderung, die auch mitunter frustrierende Momente mit sich bringt. Letztlich muss jede:r in den kommenden Jahren mit dieser Situation leben, ob man will oder nicht. Umso wichtiger ist nun die Rolle der Führungskraft. In dieser Position gilt es, Verantwortung zu übernehmen und Prozesse aktiv zu gestalten. Der Aufgabenbereich der Führungskraft im New Hiring besteht aus einem Dreiklang, der sich stets wiederholt: Recruit, Lead und Retain.

1. Schritt: Recruit

Unserer Erfahrung nach ist es sinnvoll, als Führungskraft den Recruiting-Prozess mitzugestalten und nicht einfach in Gänze dem HR-Team zu überlassen. Das kostet Zeit, die aber gut eingesetzt ist. Das Zeitinvestment der Führungskraft ist je nach Phase, in der sich das Team befindet, unterschiedlich. In akuten Phasen braucht es sicherlich 4-6 Stunden pro Woche. In dieser geht es um die Talent-Ansprache und darum, die Talente zu überzeugen. Hierzu gehören auch das Networking, das Führen von Interviews und die Vorbereitung von Cases. In ruhigeren Phasen kann man als Führungskraft natürlich deutlich weniger Zeit investieren. Auf null herunterfahren sollte man das Zeitinvestment allerdings nicht, denn sonst läuft man Gefahr, für die akuten Phasen keine Talente in der Hinterhand zu haben — Stichwort Talent-Management. Hier wäre die Empfehlung, sich einen einstündigen Serientermin pro Woche für das Netzwerken und die strategische Personalplanung im Kalender zu setzen.

Das sind die Aufgaben einer Führungskraft im New Hiring:

- ✦ Das professionelle und rechtzeitige Briefing der Kolleg:innen aus der HR-Abteilung ist das A und O. Im Idealfall geschieht dies mindestens fünf Monate vor dem gewünschten Starttermin der neuen Person, denn so lange dauert im Regelfall der gesamte Einstellungsprozess – beginnend mit der Feststellung der offenen Vakanz über die Erstellung der Recruiting-Strategie, die Umsetzung inklusive Interviews, bis hin zur Einstellung. Weiterhin muss man bedenken, dass die Kündigungsfrist von drei Monaten zum Monatsende des oder der Kandidat:in in Deutschland den Regelfall darstellt.

- ✦ Die Beschäftigung mit den eigenen internen und externen Netzwerken gehört ebenfalls zu den Aufgaben. Dies umfasst insbesondere die Kontaktpflege zu potenziellen Talenten. Insbesondere jüngeren Menschen sind die Faktoren Führungskraft und Führungsart wichtig, wenn es um neue Arbeitgeber:innen geht. Dabei erleichtern digitale Medien das Networking auch über weite Entfernungen.

- ✦ Die Begleitung des Hiring-Prozesses über die verschiedenen Stufen ist elementar. Führungskräfte sollten in den Gesprächen mit den Talenten präsent und vorbereitet sein. Dazu gehört nicht nur, auskunftsfähig zu sein, sondern auch, glaubwürdig die persönliche Führungskultur und die eigenen Werte zu vermitteln.

Tipp: **„Hire for potential and trustworthyness!"**
Bedeutet: Expertise und Erfahrung sind wichtig. Keine Frage, alle wollen Kolleg:innen und Teams, die wissen, was sie tun. Aber die eierlegende Wollmilchsau ist eine Illusion. Daher ist der Faktor Potenzial essenziell in Kombination mit der Möglichkeit, die Person direkt weiterzuentwickeln. Am wichtigsten: Menschen einzustellen, denen man vertraut. Denn als Team meistert man gemeinsam jede Aufgabe.

Tipp: Wenn es nicht passt: **Absagen sollten persönlich** und vor allem wertschätzend übermittelt werden. Für die richtige Wortwahl kann die HR-Abteilung unterstützen. Vor einer finalen Absage ist es übrigens immer empfehlenswert, zu überlegen, ob das Talent eventuell auf eine andere offene Position passen könnte.

Die Führungskraft als Personal Brand in der digitalen Welt

Das persönliche Netzwerk und die eigenen Talentpools sind wichtig und eine gute Quelle für New Hiring. Meistens sind diese allerdings nicht groß genug, um jede offene Position zu besetzen. Hier kommt eine neue Disziplin ins Spiel, mit der es gelingt, die eigene Wirkung, die persönliche Führungskultur und damit die eigene Reichweite massiv zu erweitern: Personal Branding in der digitalen Welt.

Da dies nicht nur für Führungskräfte, sondern auch für Recruiter:innen gilt, gibt es hierzu ein eigenes Interview. Vieles davon ist direkt auch in der Führung anwendbar. Zu finden ist dieses in *Kapitel 8 „Brand New: Die Rolle des Personal Brandings“*.

Auf dem Weg zu einer digitalen Personal Brand hilft dieser 4-stufige Prozess:

- Erstellung eines aussagekräftigen und relevanten Profils auf Plattformen wie XING und LinkedIn mit den passenden Kernbotschaften
- Zielgruppe definieren und das eigene digitale Netzwerk um neue Kontakte erweitern
- Über Community Management (Nachrichten, Kommentare,

Likes) mit relevanten Personen interagieren

- Eigene Beiträge, Artikel und Postings verfassen. Hier kann auch das Marketing bzw. die Kommunikationsabteilung beratend tätig werden. Wichtig ist den Verlauf zu beobachten und gegebenenfalls zu reagieren, wenn es Reaktionen zu den Beiträgen gibt.

Damit ist der Start schon mal geglückt. Um seine Personal Brand zu festigen, könnten Vorträge auf digitalen oder analogen Events sinnvoll sein. Weitere Möglichkeiten sind zudem das Verfassen von Blog- oder Buchbeiträgen oder auch die Teilnahme in einem thematisch passenden Podcast.

Wenn die eigene Führungskraft die neue Rolle nicht akzeptiert

Auch wenn der Change sich lohnt, ist der Weg dorthin nie leicht — für einen selbst nicht und auch oftmals nicht für das eigene berufliche Umfeld. So kann es passieren, dass die eigene Führungskraft die Sinnhaftigkeit der neuen Rolle hinterfragt oder schlichtweg nicht akzeptiert. Hier bietet es sich an, das direkte Gespräch zu suchen und dem oder der Vorgesetzten aufzuzeigen, wie der Change Prozess aussieht, welche Ressourcen nötig sind und welche Vorteile sich am Ende für das Unternehmen ergeben.

2. Schritt: Lead

Mehr denn je sind gute Leadership-Skills gefragt. Forsa zufolge ist das Verhalten der Führungskraft der Hauptgrund für Kündigungen (Nicolai, 2020). Gerade in Zeiten von Home Office brauchen Menschen engen Austausch und Sparring. Eine besondere Herausforderung sind die zahlreichen neuen Mitarbeiter:innen, die in Pandemiezeiten ihren Job angetreten haben und teilweise zu 100 Prozent online ongeboardet wurden. Dem Onboarding wird hier eine noch wichtigere Rolle zuteil, die oftmals zeitintensiver ist als der Start im Büro. Die Mühe und die Zeit wirken sich langfristig positiv auf die Zufriedenheit der Mitarbeiter:innen aus. Nachfolgend sind die wichtigsten Bestandteile von gutem Leadership aufgeführt:

- Neuen Kolleg:innen sollten früh die Möglichkeit erhalten, schnell die Kultur im Unternehmen und im Team kennenzulernen: Wie wird miteinander kommuniziert? Wie funktioniert das Zusammenspiel? Wer sind die anderen im Team? Durch Hybrid Work und Home Office können Neulinge die Antworten auf diese und weitere wichtige Fragen nur unzureichend erhalten. Hier ist die Unterstützung durch die Führungskraft essenziell. Diese muss für Lösungen sorgen, um den Neuankömmling erfolgreich in das Team zu integrieren. Eine regelmäßige und gezielte Kommunikation mit den Teammitgliedern ist das A und O, um ein Gefühl für die Stimmung unter den Mitarbeiter:innen zu erhalten — Stichwort mentale

Gesundheit. Hilfreich könnte auch die Etablierung eines sogenannten Buddysystems sein: Hier steht ein Teammitglied dem oder der Neuen zur Seite und kann so den Einstieg erleichtern.

- Die Führungskraft sollte auch eine Mentor:innenfunktion übernehmen, indem sie den Mitarbeiter:innen Wege aufzeigt, wie sie sich weiterentwickeln und im besten Fall über sich hinauswachsen können. Hierbei ist es wichtig, dass die Führungskraft die Richtung vorgibt, indem sie Ziele und Erwartungen klar formuliert und kommuniziert.

- Das Leben ist kein Wunschkonzert und dies gilt manchmal auch für den Job. Jede Profession beinhaltet auch weniger spannende Tätigkeiten, die im Alltag erledigt werden müssen. Es gibt — gerade in der nachrückenden Generation — Mitarbeiter:innen, die sich mit repetitiven Pflichtaufgaben schwertun und die Sinnhaftigkeit hinterfragen. Als Führungskraft ist es wichtig, eine gute Balance zwischen Pflicht- und Küraufgaben zu finden, dem Teammitglied die Wertigkeit beider zu vermitteln und gegebenenfalls für eine Priorisierung zu sorgen.

Tipp: High-Performance-Teams (nicht: High-Performance-Einzelkämpfer:in) sind nicht nur wegen ihrer Leistungsbereitschaft erfolgreich. Exzellente Teamergebnisse werden immer auch getragen durch gegenseitiges Vertrauen und die Tatsache, dass man sich aufeinander verlassen kann. Als Teamlead ist es daher ratsam, neuen Mitarbeiter:innen ein Vorschussvertrauen zu geben, um ein Zeichen zu setzen.

3. Schritt: Retain

Es wird immer schwieriger, neue Kolleg:innen zu finden — und zu halten. Die Zeiten, in denen Menschen ihr komplettes Arbeitsleben bei einem Unternehmen verbracht haben, sind vorbei. Für die Innovationskraft der hiesigen Unternehmenslandschaft ist dies ein Vorteil, da auf diese Weise Wissen weitergetragen wird. Nichtsdestotrotz brauchen Teams eine gewisse Stabilität, um zu funktionieren. Wie könnten Maßnahmen aussehen, um Mitarbeiter:innen möglichst lange im Unternehmen zu halten?

- ✦ Jeder Mensch hat eigene Vorstellungen: Standardisierte Karrierewege führen mitunter in die Sackgasse. Besser und erfolgsversprechender sind Entwicklungspläne, die gemeinsam mit den Mitarbeiter:innen erstellt werden. Auf diese Weise werden gezielt individuelle Bedürfnisse, Fähigkeiten und Wünsche berücksichtigt. Wichtig ist auch der regelmäßige Austausch zu diesem Thema, um etwaige Anpassungen vornehmen zu können.

- ✦ Eine gute Stimmung im Team ist gerade in Zeiten von Remote Work und Home Office enorm wichtig. Hierzu kann die Führungskraft verschiedene Maßnahmen umsetzen, indem sie beispielsweise eine:n dedizierte:n Feel-Good-Manager:in ernennt. Aber es geht auch einfacher — etwa durch gemeinsame Restaurantbesuche oder Team-Events. In letzter Zeit hat sich auch der Begriff „Workation“

eingeschlichen, also eine Kombination aus Arbeiten und Urlaub. Auch dies könnte eine Lösung sein.

Offboarding: Auch die Verabschiedung soll gelernt sein

Die Verweildauer von Mitarbeiter:innen in Unternehmen hat über die vergangenen Jahre stetig abgenommen. Unabhängig von den Beweggründen ist eine Kündigung einer Mitarbeiterin oder eines Mitarbeiters in der Regel etwas, mit dem Führungskräfte immer rechnen müssen. Dennoch bringt sie Unsicherheiten mit sich. Dabei ist es in Ordnung, im Falle einer Trennung Emotionen zuzulassen und diese offen zu besprechen. Auch und gerade als Führungskraft ist es hier wichtig und richtig Verletzlichkeit zu zeigen.

Nachdem der erste Schmerz verdaut ist, folgt dann der nächste Schritt und zwar die gemeinsame Definition des Austrittsprozesses und die Klärung der offenen Fragen. Das kostet Zeit und Energie – und zwar auf beiden Seiten. Was aufwendig und mitunter bürokratisch wirkt, wird sich langfristig auszahlen. Daher ist es ratsam, aus folgenden Gründen in das Offboarding genauso viel Aufwand zu stecken wie in das Onboarding:

- Das Wissen der scheidenden Mitarbeiter:innen wird bestmöglich transferiert.

- Die Kündigung eines Teammitglieds wird von den verbleibenden Mitarbeiter:innen im Team sehr intensiv wahrgenommen, diskutiert und verfolgt. Als Führungskraft ist es daher in dieser Situation besonders wichtig, ein Auge auf die Stimmung im Team zu werfen und bei Bedarf ins Gespräch zu gehen.

- Eine gute und respektvolle Trennung ist immer auch die Chance für eine Rückkehr. Viele Unternehmen engagieren sich sogar aktiv im Alumni-Management, tauschen sich beispielsweise in speziellen Online-Gruppen aus oder laden zu Events ein.

Kapitel 7

New Recruitment: Die neue Rolle der Recruiter:innen

Wir haben bereits darüber gesprochen, dass sich die Arbeitskultur in einem stetigen Wandel befindet und von Mitarbeiter:innen einen offenen Umgang mit Veränderungen erfordert. Die Rolle der Recruiter:innen im New Hiring hat sich besonders stark verändert. Bis 2060 werden dem deutschen Arbeitsmarkt ohne zusätzliche Zuwanderung 16 Millionen Erwerbstätige fehlen (Bertelsmann-Stiftung, 2019). Diese Herausforderung hat den Recruiting-Markt komplett umgewandelt.

Die Entwicklung der Recruiting-Rolle

Wir machen eine Reise ins Jahr 2000: Damals gab es eine Arbeitslosenquote im zweistelligen Prozentbereich. Die Papierbewerbung und die Print-Anzeige in der Zeitung galten als Hauptinstrumente im Recruiting. E-Mail-Bewerbungen gingen von den ersten tech-affinen Kandidat:innen ein. Moderne Tech-Unternehmen fingen an, sich mit digitalen Recruiting Tools zu beschäftigen.

10 Jahre später veränderte sich die Lage stark. Die Arbeitslosenquote sank und viele Stellenbörsen etablierten sich auf dem Markt. Kandidat:innen spürten diese Veränderung bereits sehr: Während es Anfang der 2000er noch ein aufwendiger Prozess gewesen war, einen neuen Job zu finden,

beruhigte sich nun die Lage für die Talente. Die verschiedenen Stellenbörsen boten eine Auswahl an Möglichkeiten und statt einer Papier-Bewerbung konnte man sich bequem von überall aus auf eine Stelle bewerben. Für die Recruiter:innen spannte sich die Lage an: Die Anzahl der eingehenden Bewerbungen sank, sodass neue Stellenbörsen ausprobiert wurden.

Vorreiter:innen im Recruiting probierten nun ganz neue Wege und nutzten Business Netzwerke wie XING und LinkedIn. Die aktive Suche und Ansprache von Talenten war ein vielversprechender und erfolgreicher Weg, schwer zu besetzende Stellen anzugehen. Hierfür brauchte es jedoch Know-How im Umgang mit Social Media, Suchmaschinen-Kenntnisse und die Lust auf Vertrieb. Eine neue Hürde, die nicht jede:r im Personalwesen mit Spaß anging.

Weitere zwölf Jahre weiter, heute im Jahr 2022, kann das Recruiting keineswegs mehr mit dem verglichen werden, was es Jahrzehnte zuvor war. Der viel umstrittene und debattierte Fachkräftemangel ist kein Begriff mehr, der auf Kongressen und in Personalmagazinen behandelt wird. Er betrifft nun jede Person, die sich mit Recruiting beschäftigt. Und er macht den Alltag der Recruiter:innen zu einer täglichen Herausforderung. Es geht nicht mehr darum, sich aus einem Stapel voller Möglichkeiten zu bedienen. Interviews sind keine Bühne der Kandidat:innen mehr. Jetzt geht es um so viel mehr: Es geht darum, täglich das Maximum an Tools und Recruiting-Strategien auszunutzen.

Wie und wo erreiche ich meine Zielgruppe? Wie viel Budget kostet mich eine unbesetzte Stelle? Welche Suchmaschinen bringen mich zum Erfolg? Mit welchen Keywords finde ich mein Wunschprofil? Was müssen wir als Unternehmen bieten, um eine Person zu überzeugen, mit uns zu sprechen? Auf welchen Netzwerken sollte ich als Recruiter:in täglich online sein? Und wie führe ich eigentlich ein Interview, wenn ich mein Unternehmen verkaufen muss? Eins wird hier schnell deutlich: Die Rolle der Recruiter:innen ist komplexer geworden. Unternehmen müssen die Komfortzone verlassen, während sich die Talente entspannt zurücklehnen.

Die Rollen der Old Hiring Recruiter:innen

In der Old Hiring Welt begegnen uns verstärkt die Werte Genauigkeit, Kontrolle, Perfektion und Sicherheit. Bevor zu viele Risiken und Veränderungen eingegangen werden, bleiben Stellen lieber länger unbesetzt. Es wird auf bewährte Maßnahmen vertraut, die keineswegs schlecht sind. Jedoch reichen diese Maßnahmen nicht mehr aus, um Positionen rechtzeitig in der notwendigen Qualität zu füllen.

Schauen wir uns die langjährig bestehenden Rollen der Recruiter:innen an:

Kommunikations-Spezialist:innen

Die Fähigkeit gut zu kommunizieren gehörte schon immer zum Tagesgeschäft der Recruiter:innen. Im Old Hiring geht es vor allem darum, alle Beteiligten mit den richtigen Informationen zu versorgen. Die Talente werden mit Informationen zur Stelle und zum Prozess versorgt, der Fachbereich mit Informationen zum Talent. Innerhalb der Interview-Situation führen Recruiter:innen durch das Gespräch und begleiten den Prozess bis zur Ab- oder Zusage.

Administrator:innen

Eine zeitintensive Rolle des Old Hirings befindet sich in der Administration. Hierbei handelt es sich um eine reaktive Rolle. Administrator:innen reagieren und steuern, sobald verschiedene Parteien auf sie zugehen: Der Fachbereich mit einer offenen Vakanz oder das Talent mit einer Bewerbung. Es werden Stellenanzeigen getextet und auf verschiedenen Portalen veröffentlicht. Bewerbungen werden gescreent und auf Vollständigkeit geprüft, fehlende Unterlagen werden angefragt. Interviews werden koordiniert und durchgeführt. Hier herrscht Routine statt Kreativität.

Stakeholder-Manager:innen

Im Old Hiring stehen Recruiter:innen mit verschiedenen Parteien in Kontakt. Der Fachbereich ist ein wichtiger Ansprechpartner für den Prozess. Leider ist die Erreichbarkeit nicht immer gegeben und die Entscheidungsbefugnis oftmals nicht bei den Recruiter:innen, sodass diese Stakeholder-Beziehung den Prozess nicht selten verlangsamt. In vielen Fällen ist ebenfalls eine Agentur im Spiel: Diese übernimmt die Beratung zur Auswahl von Stellenbörsen und anderen Quellen. Kommt es zur Prozessphase, unterstützen die Assistent:innen bei der Terminfindung und lange Auswahlverfahren werden geplant: Schließlich ist es wichtig, dass das Talent auf Herz und Nieren geprüft wird. Hat es eine Person geschafft, alle Parteien zu überzeugen, kommen oftmals weitere Parteien hinzu: der Betriebsrat gibt (hoffentlich) sein Go, danach geht die Vertragserstellung zur HR-Abteilung.

Koordinator:innen

Im Bereich der Koordination plant das Recruiting-Team den Besetzungsprozess. Es wird festgehalten, welche Personen den Prozess mit betreuen. Planungsgespräche mit Agenturen werden festgelegt. Falls etwas neues ausprobiert wird, bedarf es oftmals der Genehmigung einer Führungskraft. Das Recruiting-Team holt alle Genehmigungen ein, plant Termine und organisiert weitere Aktionen für den Recruiting-Erfolg, wie

z. B. Karrieremessen oder die Zusammenarbeit mit Personaldienstleister:innen. Was hier auffällt: Die Kompetenz wird oftmals ausgelagert, weil es an internem Wissen fehlt oder schlichtweg keine Zeit dafür da ist, sich dieses selbst anzueignen. Diese Art des Recruitings findet man häufig in generalistischen HR-Rollen wieder.

Halten wir fest: Die Rollen im Old Hiring sind wichtig und stellen auch einen Bestandteil des New Hirings dar. Jedoch reichen diese nicht aus, um im New Hiring erfolgreich zu sein.

Die Rollen der New Hiring Recruiter:innen

Im New Hiring nehmen Recruiter:innen eine Vielzahl von Rollen ein. Dafür gibt es keinen bestimmten Ausbildungshintergrund. Unterschiedliche Erfahrungslevel und Vorkenntnisse können Recruiter:innen zum Erfolg führen. Wichtig ist dabei, dass folgende Rollen erfüllt werden können:

Community-Manager:innen

New Hiring Recruiter:innen wissen nicht nur, wer zu ihrer Zielgruppe gehört. Sie kennen ihre Zielgruppe — und zwar persönlich. Im New Hiring ist jeder Kontakt wertvoll, sodass Recruiter:innen ein großes Netzwerk an Talenten haben. Über alle Recruiting-Kanäle hinweg werden Kontakte gepflegt:

Kandidat:innen der klassischen Kanäle (z. B. aus Stellenbörsen) werden nach dem Erstkontakt in sozialen Medien in das Netzwerk eingeladen. Empfehlungen, z. B. von Kolleg:innen oder aus dem eigenen Netzwerk, werden kontaktiert und ernst genommen.

Last but not least: Active Sourcing — die Königsdisziplin im Recruiting. In der aktiven Suche und Ansprache von Talenten macht jedes Wort einen Unterschied. Wir wissen alle: Langweilige Massenansprache ist keine Lösung. Beim Communityaufbau geht es zunächst um eines: das Zustandekommen von Kontakt.

Hier hilft ein Perspektivwechsel: Wann sind wir dazu bereit, einer Person etwas über uns zu erzählen? Wenn die Person echtes Interesse zeigt und wenn wir wissen, was uns der Kontakt bringt. In einer digitalen Welt wimmelt es vor Kontakten, daher wird hier auch streng ausgewählt, auf welchen Kontakt man sich einlässt. Und genau das macht den Job der Community Manager:innen (oder der New Hiring Recruiter:innen) so anspruchsvoll: Mit welchen Worten erreiche ich meine Zielgruppe? Bei wem ist es okay, direkt eine Kontaktanfrage zu verschicken? Nehme ich Rücksicht darauf, wenn jemand in sein Profil schreibt, dass er oder sie kein Interesse an einem Angebot hat? Und wie baue ich eigentlich so eine Nachricht auf?

Nach dem Zustandekommen des Kontaktes ist der Job der Community-Manager:innen noch lange nicht vorbei. Nun geht es darum, die Kontakte aufrechtzuhalten und die Community zu pflegen: Die Talente, die Interesse an einem vorgeschlagenen Job haben, müssen schnell weitergeleitet werden. Wer sich nicht rechtzeitig nach der erfolgreichen aktiven Ansprache meldet, ist nicht erfolgreich. Nach den ersten Interviews geht es bereits darum, schnell das Vertragsangebot zu verschicken.

Schon jetzt erwarten mehr als 30 Prozent der Talente in Deutschland, Österreich und der Schweiz, dass ein Vertragsangebot nach dem Gespräch in weniger als einer Woche erfolgt (Softgarden, 2020). Kann diese Zeit nicht eingehalten werden, ist es Aufgabe des Community Managers, das Talent bei Laune zu halten. Ist der Vertrag unterschrieben, folgt die wichtige Zeit des Pre-Onboardings: Die Zeit zwischen Vertragsunterschrift und dem ersten Arbeitstag. Hier ist es die Aufgabe der Community Manager:innen, Kontakt zu halten, Vorfreude auf den neuen Job auszulösen und andere Personen im Unternehmen zu motivieren, eine Beziehung zur/zum neuen Kolleg:in aufzubauen.

Im Active Sourcing kann es aber auch anders laufen: Der oder die User:in meldet sich zurück, hat jedoch aktuell kein Interesse. Eine große Aufgabe des Community Managements sind Talentpools. Personen, die aktuell nicht interessiert sind, haben gegebenenfalls zu einem anderen Zeitpunkt Interesse. Wann hat ein:e Recruiter:in hier alles richtig gemacht?

Beispiel: Wenn er oder sie wie Svenne handelt: Svenne ist leidenschaftliche Recruiterin und übt ihren Job mit viel Leidenschaft aus. Besonders wichtig ist es ihr, dass sie jedem Talent das Gefühl gibt, wertvoll zu sein. So verschickt sie nur Nachrichten an Personen, die wirklich auf die Stelle passen. Außerdem achtet sie darauf, in ihren Nachrichten wertschätzend und interessant zu schreiben. Es geht um den Mehrwert für die angesprochene Person. Durch ihren Kommunikationsstil erhält sie viele Rückmeldungen auf ihre Nachrichten. Die Hälfte der Antworten lauten jedoch „Kein Interesse". Als unerfahrene:r Recruiter:in könnte man nun denken: „Das war wohl nichts". Jedoch steckt hier sehr viel Potenzial drin. Svenne hält Kontakt zu ihren „Kein Interesse"-Talenten.

Mit der richtigen Analyse von Daten, z. B. zur Wechselmotivation oder Betriebszugehörigkeit, hält sie regelmäßig Kontakt zu ihrer Community. Nicht selten kommt es vor, dass nach mehreren Jahren eine Person anklopft, mit der sie Kontakt hatte. Dann lauten die Nachrichten plötzlich: „Liebe Svenne, wir hatten vor 2 Jahren Kontakt zur Position des Logistic Managers. Damals hatte ich kein Interesse, jedoch ist mir unser wertvoller Austausch im Kopf geblieben. Sucht ihr zufällig noch?"

Wenn ich es als Recruiter:in schaffe, dass Kandidat:innen sich im Dschungel der Kontaktanfragen an mich erinnern und mir proaktiv schreiben, dann habe ich alles richtig gemacht. Wie genau das funktioniert, erfährt man in *Kapitel 11: „Constant Contact: Die Bedeutung des Active Sourcing"* und *Kapitel 15: „Praxis-Tipps für die New Hiring Reise"*.

Einige dieser Fragen beantworten sich mit der Berufserfahrung von selbst. Andere hingegen lassen sich durch Zahlen, Daten und Fakten beantworten — und hier kommt die Rolle der Digitalisierungs- und KI-Manager:innen ins Spiel.

Digitalisierungs- und KI -Manager:innen

In der Rolle der Community Manager:innen haben wir bereits gehört, dass sich bestimmte Entscheidungen im Recruiting unter der Verwendung von Zahlen, Daten und Fakten treffen lassen. Dies ist die Rolle der Manager:innen für Digitalisierung und Künstliche Intelligenz. Während man im Old Hiring Entscheidungen aus dem Bauch trifft oder von anderen umsetzen lässt, besitzen New Hiring Recruiter:innen ein hohes Spezialist:innenwissen und entscheiden analytisch. Es gibt bereits viele Tools auf dem Markt, welche uns dabei unterstützen, Recruiting-Entscheidungen analytisch zu treffen.

Im Bereich des Passive Recruitings können wir durch Machine Learning auswerten, auf welchen Stellenbörsen wir unsere Zielgruppe erreichen werden. Wir entscheiden somit nicht aus dem Bauch heraus, wo wir unsere Anzeigen schalten, sondern danach, wo unsere Erfolgswahrscheinlichkeit am höchsten ist. Ein weiterer Vorteil von digitalisierten Prozessen im Passive Recruiting sind Screening Funktionen, die eine automatische Vorauswahl treffen. So lässt sich in einer Bewerber:innenmanagement-Software einstellen, welches Must-Have ein Lebenslauf mitbringen sollte. Durch diese Angaben kann ein Ranking erstellt werden, was den manuellen Screen-Prozess der Recruiter:innen erleichtert. Außerdem können durch Klickzahlen viele Learnings für die Zukunft generiert werden.

Im Active Recruiting helfen Daten dabei, Entscheidungen zu treffen, welches Talent zuerst angesprochen werden sollte. So bietet zum Beispiel der TalentManager von XING die Möglichkeit einzusehen, welche Personen gerade auf Jobsuche sind oder eine hohe Wechselmotivation haben (diese ergibt sich z. B. aus der Häufigkeit der LogIns und Aktualisierung der Profile). Screening und Matching-Partner wie der TalentService von XING gehen sogar noch weiter: Sie verwenden Zahlen, Daten und Fakten darüber, wann welche User:innengruppen online sind, um den perfekten Zeitraum zu erwischen, mit Personen in Kontakt zu treten. So kann man den Early Birds genauso gerecht werden wie den Nachteulen.

In der Automatisierung im Active Recruiting müssen nicht nur die Suche und das Screening bedacht werden, sondern auch die Ansprache. Man kann nicht oft genug betonen, wie wichtig eine professionelle und wertschätzende Erstansprache ist. Nichtsdestotrotz gibt es auch hier Wege einer Digitalisierung. Im Erstkontakt müssen wir in Erinnerung bleiben, wenn es jedoch um Community-Pflege und Erinnerungen geht, kann man durch die intelligente Formulierung von Kampagnen eine Vielzahl von Menschen gleichzeitig erreichen. Hier ist es vor allem wichtig, vorab den richtigen Kreis von Personen zu definieren, um dann eine persönliche Nachricht zu entwickeln, die jedoch für mehrere Personen spannend ist.

Vertriebsspezialist:innen

Recruiting ist Vertrieb. Diese Veränderung ist wohl eine der stärksten im New Hiring, da sie die Rolle der Recruiter:innen auf den Kopf stellt. Recruiter:innen, die schon lange im Geschäft sind, sind anderes gewohnt. Erinnern wir uns an das obige Beispiel: Vor langer Zeit saßen Recruiter:innen gemütlich im Publikum und haben sich die Vorstellungen der Talente angeschaut. Heute sitzen die Talente im Publikum und schauen sich das Programm der Unternehmen an. Die Recruiter:innen stellen aktuelle Vakanzen vor und versuchen die Stärken und Schwächen des Unternehmens so vorzustellen, dass die richtigen Personen den Impuls verspüren, eine Bewerbung zu versenden.

Dieser Change ist nicht für jede Person leicht umsetzbar. Im Vertriebsmodus muss die Komfortzone verlassen werden. Bei fremden Personen anklopfen heißt, dass auch mal die ein oder andere Tür vor der Nase zugeknallt wird. Dennoch muss man danach fröhlich und engagiert weitermachen. Das ist gar nicht so einfach, insbesondere für die Personen, die anderes gewohnt sind.

Hier wird besonders klar: Die Rolle der Vertriebsspezialist:innen kostet oft Überwindung und bringt es mit sich, regelmäßig die Extrameile zu gehen. In dieser Rolle stoßen Recruiter:innen oftmals auf Barrieren in der Zusammenarbeit mit Fachabteilungen. Es wird sich größtmögliche Mühe gegeben, das Unternehmen und die Vakanz positiv vorzustellen. Im finalen Interview erfolgt dann der Bruch im Prozess: Der Fachbereich verwandelt sich zum Türsteher und möchte von den Talenten bzw. Kund:innen hören, warum sie denn auf die Stelle passen (oder das Produkt kaufen möchten). Die mühevolle Arbeit der Recruiter:innen kann so in Sekunden zerstört werden und die Besetzungszeit der Position verlängert sich erneut. Um das zu vermeiden, beinhaltet die Rolle der New Hiring Recruiter:innen einen weiteren wichtigen Faktor: Change Management.

Change Manager:innen

Change Management begegnet den New Hiring Recruiter:innen in unterschiedlichen Situationen. Allen voran steht die Fachabteilung. Offenheit für neue Recruiting-Methoden reichen nur soweit, wie die Fachabteilung am Ende bereit ist, ebenfalls neue Dinge zu wagen. So ist es Aufgabe der New Hiring Recruiter:innen, die Hiring Manager:innen eng zu begleiten und regelmäßig auf die neuen Umstände aufmerksam zu machen. Konkret beginnt dies bereits bei der Definition des Wunschprofils. Während im Old Hiring die Anforderungen der Fachabteilungen kommentarlos hingenommen worden sind, beginnen hier im New Hiring bereits erste Verhandlungen: Wie realistisch ist es, dass man eine Person mit diesem Skill-Set findet? Warum muss das Profil mehrjährige Berufserfahrung mitbringen? Woher stammt der Wunsch, dass nur eine bestimmte Branchenerfahrung zum Erfolg führt? Auch im

Change Management unterstützen Zahlen, Daten und Fakten dabei, Entscheidungen zu treffen und Augen zu öffnen, wie es z. B. das TalentRadar von XING schon oft getan hat: Zur gewünschten Vakanz gibt es manchmal leider nur 10 Profile am gewünschten Standort.

Apropos Standort: Warum überhaupt muss die Person mit dem gewünschten Profil in einer bestimmten Stadt wohnen? Haben wir in den letzten Jahren nicht gelernt, dass Remote Work uns auch zum Erfolg führt? Auch hier ist Change Management eine Kompetenz, die unseren zukünftigen Hiring-Erfolg bestimmen wird. Nur diejenigen, die offen sind ihre Hiring-Prozesse und Rahmenbedingungen zu verändern, werden erfolgreich sein.

Zurück zur Change-Management-Kompetenz der New Hiring Recruiter:innen. Geht es um die aktive Suche nach passenden Profilen, sollte man sich auf weitere Verhandlungen einstellen. Oftmals werden Vorschläge für gut passende Profile gemacht, die dann von der Fachabteilung abgewunken werden. „Passt nicht“ ist dann eine häufige Antwort, die der/dem Recruiter:in wenig Anhaltspunkte für eine Anpassung des Prozesses geben. Daher ist hier Regel Nummer Eins: Nachfragen. Denn dann wird fast immer klar, dass es keinen nachvollziehbaren Grund gibt, warum das Profil nicht passt. Es liegt dann meist einfach an der Haltung „Sicherheit vor Ausprobieren“. Change Manager:innen im Recruiting haben viel zu tun. Doch erinnern wir uns an Mary Poppins und Mr. Banks: Wenn wir etwas wagen, erleben wir danach umso schönere Dinge.

Im Bereich der Interview-Führung müssen New Hiring Recruiter:innen nicht selten interne Schulungen geben. Alt bekannte Türsteher:innen trifft man nach wie vor an, und auch wenn es deren früherer Job war Leute herauszuwerfen, hat sich das Blatt jetzt gewendet: Wir brauchen keine Türsteher:innen mehr, wir brauchen Gastgeber:innen; Personen, die unseren Talenten ein gutes Gefühl geben, wenn sie mit Unternehmen sprechen. Kandidat:innen, die aus einem Interview-Prozess herausgehen und sogar bei einer Absage das Unternehmen weiterempfehlen. Wie erreichen wir diesen Zustand? Ganz einfach: Durch eine weitere Rolle: dem Feel-Good-Management.

Feel-Good-Manager:innen

„Gib jedem Talent das Gefühl, der oder die beste zu sein." Dieser Satz ist uns in unserer Recruiting Laufbahn häufiger begegnet und stößt im ersten Moment bei der ein oder anderen Person übel auf. Warum jemandem so viel Honig um den Mund schmieren, wenn wir die Person noch gar nicht kennen? Weil es sich lohnt und die eigene Haltung beeinflusst!

New Hiring Recruiter:innen stellen den Menschen und nicht den Lebenslauf in den Fokus. Es wird versucht, bei jedem Talent den Blind Spot zu finden, also das, was diese individuelle Person in der Arbeitswelt auszeichnet. Wie erreichen wir diesen Punkt? Auch hier hilft ein Perspektivwechsel. Wann können wir so richtig wir selbst sein? Wann sagen wir unsere

Meinung, schildern unsere Ängste und werden plötztlich total verrückt und kreativ? Wenn wir uns wohlfühlen. Das kann beim Abendessen mit Freund:innen oder der Familie sein, an einem Lieblingsort oder während wir unserem Lieblingssport nachgehen.

Im New Hiring ist es ähnlich. Graue Besprechungsräume mit Glaskästen oder stumpfe Videokonferenzen motivieren die Talente nicht, ihre innersten Glaubenssätze und Leidenschaften zu teilen. Zu förmlich ist die Umgebung, zu durchgetaktet die Agenda. New Hiring Recruiter:innen gehen anders vor. Vor dem offiziellen Recruiting-Prozess veranstalten New Hiring Recruiter:innen einen (virtuellen) Coffee Talk, um das Talent noch einmal abzuholen: Mit wem findet der Interview-Prozess statt? Worauf kannst du dich vorbereiten? Wie sieht ein zukünftiger Arbeitsplatz aus? Talente möchten wissen, wann und wie die zukünftige Umgebung aussieht. Man unterschreibt auch keinen Mietvertrag, wenn man vorher nicht die Räumlichkeiten gesehen hat.

Feel-Good-Management bedeutet auch, die richtige Erwartungshaltung anzugeben. So informieren New Hiring Manager:innen alle beteiligten Personen, was im Recruiting-Prozess passieren wird und wer überhaupt involviert ist. Auch auf Uhrzeiten wird Rücksicht genommen. Wann haben alle Beteiligten wirklich Zeit, um ein aufmerksames Gespräch zu führen? Ist eine Person dabei, die ganz neu im Recruiting ist? Auch für Fachbereiche kann ein Interview kaltes Wasser bedeuten. Daher gehört es auch zur Aufgabe von New Hiring Recruiter:innen, interne Gesprächspartner:innen so zu schulen, dass sie wertschätzende Gespräche führen können.

Interviews müssen aber nicht immer im Büro stattfinden. Auch ein Spaziergang kann das Ziel erfüllen, eine Person kennenzulernen. Der Weitblick und die Bewegung haben auch Vorteile: Durch die lockere Umgebung fällt es einfach, auch Zweifel zu äußern oder unangenehme Fragen zu stellen. Und hier kommen die Coach:innen und Mediator:innen zum Einsatz.

Coach:innen und Mediator:innen

Wir haben mehrfach verdeutlicht, dass Fachabteilungen im Hiring Prozess abgeholt werden müssen. Durch Unconscious Bias und Blockaden für neue Methoden können Prozesse unterbrochen und unnötig verlängert werden. New Hiring Recruiter:innen haben hier eine herausfordernde Aufgabe: Fragen stellen. Und zwar nicht zum Wunschprofil, sondern zur Begründung von Entscheidungen und Sichtweisen. Dies kann im ersten Moment unangenehm sein, wird aber langfristig die Organisation voranbringen.

Betrachten wir dazu ein **Beispiel**: Dilara, eine Recruiterin, findet für eine offene Stelle ein passendes Talent, schickt eine Nachricht und bekommt eine positive Rückmeldung. Das Profil wird an den Fachbereich weitergeleitet. Dieser lehnt die Person ab und bittet um weitere Suche. Da die Vakanz bereits seit Monaten offen ist, kann und möchte Dilara dies nicht einfach so akzeptieren. Es wird aktiv gefragt, warum die Person nicht passt. Die Antwort lautet, wie schon häufig gehört, „Passt nicht". An dieser Stelle gilt erneut: nicht locker lassen und die richtigen Fragen stellen. Passende Fragen können hier z. B. lauten:

- ✦ An welcher Stelle des Profils kommen Zweifel auf?
- ✦ Woran genau wird festgemacht, dass die Person nicht passt?
- ✦ Gab es mit einem ähnlichen Profil in der Vergangenheit schlechte Erfahrungen?

Tatsächlich war in unserem Beispiel die letzte Frage der Knackpunkt. Dem Hiring Manager passte der Abschluss der Universität des Talents nicht. Mit einer früheren Absolventin gab es Unstimmigkeiten nach der Einstellung und die Person hat das Unternehmen verlassen. Die Begründung des Fachbereiches: Personen mit Abschluss von dieser Universität passen nicht. So banal dieses Beispiel klingt, kommt es in der Praxis vor. Durch Nachfragen, das Ausräumen von Zweifeln und positive Beispiele kann man hier die Denkweise verändern. Hartnäckigkeit und ständiges Hinterfragen sorgen für eine Veränderung des Mindsets auf allen Seiten. Sicherlich ist dies einer der anspruchsvollsten Jobs im Recruiting.

Wertigkeit der Rolle der Recruiter:innen

Eines dürfte nun klar sein: Die Rolle der New Hiring Recruiter:innen ist komplex, vielfältig und äußerst anspruchsvoll. Recruiting ist kein Job, den man stiefmütterlich - oder -väterlich behandeln kann. Recruiting ist kein Job für Personen, die keine Qualifikationen in den beschriebenen Fähigkeiten haben. Recruiting ist erfolgsrelevant für die Zukunft jedes Unternehmens. Ohne gute Leute im Recruiting werden Unternehmen Verluste machen und Mitarbeiter:innen verlieren. Ohne gute Recruiter:innen werden Kund:innenstämme kleiner und Produkte schlechter. Daher geht es jetzt um eins: Wertschätzung für die Rolle der New Hiring Recruiter:innen. Und diese kann wie folgt aussehen:

Incentivierung

Einer der größten Fehler in Systemen ist die geringe Incentivierung der Recruiting-Positionen. Recruiter:innen sind dafür verantwortlich, Positionen zu besetzen. Die Harvard University hat berechnet: Bleibt eine Position im mittleren Management unbesetzt, so kostet das ein Unternehmen 1000 € pro Tag (Adecco, 2022). Besonders bei der Rekrutierung von Führungskräften schnellt die Time-to-Hire in die Höhe — und damit auch die Cost-per-Hire. Die durchschnittliche „Time-to-Hire“ für Führungskräfte beträgt bei gut zwei Dritteln der Unternehmen länger als drei Monate.

Die Entwicklung der Time-to-Hire spiegelt sich auch in den Ausgaben wider. Die Rekrutierung verursacht bei über der Hälfte (58 Prozent) Kosten von 10.000 € und darüber. Ein knappes Drittel der befragen Personalleiter:innen (29 Prozent) gab gar an, zwischen 20.000 bis 50.000 € auszugeben. Hinzu kommen erfahrungsgemäß noch die Cost-of-Vacancy, also durch Personallücken verursachten Ausfälle – bspw. Projektverzögerungen (XING E-Recruiting, 2018).

Warum also liegen die Gehaltsbänder im Recruiting oftmals in Bereichen, die nicht ansatzweise das widerspiegeln, was Recruiter:innen für den Wert des Unternehmens leisten? Arbeitgeber:innen müssen zwangsläufig ihre Gehaltsbänder im Recruiting anpassen. Gehaltsstrukturen kann man leicht mit dem Gehaltsrechner des Statistischen Bundesamtes (2022) überprüfen und vergleichen.

Training und Weiterentwicklung

Das anspruchsvolle Zusammenspiel der verschiedenen Recruiting-Rollen erfordert kontinuierliches Lernen und den Ausbau weiterer Fähigkeiten. Personen, die sich für eine Tätigkeit im New Hiring interessieren, sind wissbegierig, ehrgeizig und lernbereit. Sonst hätten sie sich diesen anspruchsvollen Beruf nicht angeeignet. Wichtig ist also genau zu definieren, in welchen Bereichen sich New Hiring Recruiter:innen weiterentwickeln möchten. Das kann variieren und sollte individuell festgelegt werden.

Wenn wir uns die oben beschriebenen Rollen anschauen, dann fällt auf, wie unterschiedlich diese sind. Und so kann auch eine Weiterentwicklung im New Hiring aussehen. Während Person A ihre Fähigkeit im Coaching ausbauen möchte, hat Person B Interesse und Bedarf an der Entwicklung der analytischen Kompetenz. Diese individuellen Entwicklungspläne sollten gemeinsam mit der Führungskraft erstellt werden.

Ebenfalls ratsam ist der Austausch mit externen Recruiter:innen. Der Recruiting-Markt bietet zahlreiche Veranstaltungen zum Networking und Erweiterung von Skills. Für alle Führungskräfte gilt: Schafft Freiräume und Budget zur Weiterentwicklung! Es zahlt sich nicht nur für die Performance eures Teams aus, sondern auch auf der Jahresbilanz.

Status

Wenn Recruiter:innen eine unbesetzte Stelle besetzen, sparen sie dem Unternehmen im Durchschnitt 1000 € pro Tag ein. Durch das Finden der richtigen Personen können wieder Aufträge angenommen und Kund:innen zufriedengestellt werden. Wenn die richtigen Personen an Bord sind, spiegelt sich das früher oder später in den Umsatzzahlen wieder. Doch was bekommen die Recruiter:innen eigentlich davon mit?

Normalerweise herzlich wenig. Ist die Position einmal besetzt, gehen die Recruiter:innen zur nächsten Stelle über.

Im Sinne des New Hirings gilt hier: Liebe Recruiter:innen, macht euren Erfolg sichtbar! Verbreitet intern die Nachricht, dass ihr den neuen High Performer bzw. die neue High Performerin eingestellt habt! Zieht eure Führungskräfte, Manager:innen und Geschäftsführer:innen in die Verantwortung! Wie viele Stellen wurden durch euch besetzt? Oftmals ist diese Zahl den genannten Personen nicht bekannt, hat aber einen unheimlich großen Effekt, wenn man dies anhand von eingespartem Budget verdeutlicht.

Beim Thema Status gilt auch: Recruiter:innen gehören in Meetings von Business Units. New Hiring Recruiter:innen verfügen über tagesaktuelle Informationen zu Unternehmens- und Produktentwicklung. Sie wissen Bescheid, welche strategischen Veränderungen anstehen und werden zu wichtigen Meetings und Verkündungen automatisch eingeladen. Denn nur so kann die Stelle auf bestem Wege verkauft werden. Und nur so entsteht echtes Commitment.

Commitment im Recruiting

Commitment, auch Mitarbeiter:innenbindung genannt, bedeutet die Verbundenheit, Zugehörigkeit und Identifikation, welche Mitarbeiter:innen gegenüber der Organisation empfinden und erleben. Commitment hängt mit diversen erfolgsrelevanten

Kriterien zusammen — so werden insbesondere das Engagement bei der Arbeit, die Leistung, eine geringere Fluktuationsabsicht und weniger Stresserleben durch Commitment beeinflusst (Felfe, 2008). In Zeiten des Fachkräftemangels und des Generationenwechsels erhält Commitment eine immer größere Bedeutung für Unternehmen.

New Hiring Recruiter:innen haben die Aufgabe, Vakanzen des Unternehmens vorzustellen und zu verkaufen. In diesem Fall ist es wichtig, dass die Person sich auch mit der Unternehmenskultur identifizieren kann.

Versetzen wir uns in die Lage einer Eisverkäuferin: Die Verkäuferin arbeitet bei der vermeintlich besten Eisdiele der Stadt. Allerdings stellt sich heraus, dass sie eine Allergie gegen Milcheis hat. Wenn die Kund:innen sie fragen, welche Sorte die beste ist und was sie heute empfehlen kann, kann sie dies nicht authentisch vermitteln. Auch im New Hiring gilt: Wir erzielen maximalen Erfolg, wenn wir uns mit dem Unternehmen, für welches wir rekrutieren, identifizieren können. An dieser Stelle ist es ratsam, dass Recruiter:innen für sich ihr persönliches WHY im Recruiting definieren.

Ein WHY im Recruiting kann z. B. sein:

- ✦ Ich ermögliche Personen mit einem Faible für Videospiele, beim besten Videospiel-Anbieter der Welt zu arbeiten.

- Ich verbinde IT-Spezialist:innen mit unseren hochkomplexen Produkten, um die Welt der Digitalisierung einfacher zu machen.
- Ich sorge für mehr Gerechtigkeit in der Einstellung von Customer Service Mitarbeiter:innen, weil ich mich auf Quereinsteiger:innen fokussiere.

Im Beispiel der Eisverkäuferin kann es also auch anders laufen. So kann sie den Kund:innen nicht ihre persönliche Lieblingssorte empfehlen, aber vielleicht ist es ihr WHY, von der nachhaltigen Produktion zu erzählen und dabei Kund:innenstimmen zu verwenden, um die beste Eissorte zu empfehlen.

Das Recruiting von Recruiter:innen

Nun stellt sich abschließend die Frage: Wie finde ich als Unternehmen diese erfolgskritische und hoch relevante Zielgruppe?

Die Antwort ist einfach und schwer zugleich. Für New Hiring Recruiter:innen gibt es nicht den einen Background einer bestimmten Ausbildung oder Universität. Es ist auch nicht von Anfang an notwendig, bestimmte Branchen-Kenntnisse mitzubringen. Vielmehr ist es ein Zusammenspiel aus verschiedenen Fähigkeiten.

> Stellen Sie Charaktere ein. Trainieren Sie Fähigkeiten. – Peter Schutz (Vorstandsvorsitzender Porsche 1981-1987)

Zuallererst sollten wir uns die Frage stellen, welche Erfahrungslevel relevant sind. Werden hauptsächlich sehr schwer zu besetzende Stellen gesucht oder kann man die Anforderung im Recruiting z. B. in kaufmännische und technische Positionen aufteilen? Sind die Fragen zur perfekten Teamaufstellung und den Anforderungen geklärt, gibt es verschiedene Wege:

1. Die Suche nach Talenten, welche bereits Erfahrung im Recruiting mitbringen: Hier handelt es sich häufig um Absolvent:innen wirtschaftswissenschaftlicher oder psychologischer Studiengänge und/oder um kaufmännisch ausgebildete Personen mit Berufserfahrung im Corporate Recruiting oder der Personalberatung. Eine äußerst gefragte Zielgruppe, für welche ein hohes Budget eingeplant werden sollte.

2. Die Ausbildung von neuen Recruiter:innen: Ein guter Weg für die Einstellung von Recruiter:innen ist die Arbeit mit Werkstudent:innen. Werkstudent:innen-Jobs im HR sind beliebt und die Absolvent:innen suchen nach dem Abschluss nach einer Festanstellung. Im Rahmen der

Werkstudent:innen Tätigkeit kann bereits ein Commitment zu Arbeitgeber:innen erfolgen. Dies bedingt natürlich, dass Werkstudent:innen mit interessanten Aufgaben betraut werden, und nicht als günstige Aushilfskräfte gesehen werden.

3. Die Umschulung von internen Mitarbeiter:innen: Die Digitalisierung verändert die Arbeitswelt und damit auch die Jobs. Das kann zur Folge haben, dass einige Jobs nicht mehr notwendig sind. Aufgrund des Fachkräftemangels wäre es fatal, die wegfallenden Stelleninhaber:innen einfach gehen zu lassen. Handelt es sich um kommunikationsstarke, analytische und vertriebsorientierte Mitarbeiter:innen, haben wir gute Voraussetzungen dafür, diese Personen für einen Job im Recruiting zu begeistern. In diesem Fall helfen die individuellen Entwicklungspläne: Stammt die Person aus dem Vertrieb, sollte sie mit den nötigen Recruiting-Tools vertraut gemacht werden. Ist die Person sehr stark in der Arbeit mit modernen Tools und Suchmaschinen, geht es eher um die Schulung von Kommunikationskompetenz.

Zusammengefasst lässt sich sagen: Im New Hiring steht der Mensch im Vordergrund und nicht der Lebenslauf. Mit der richtigen Haltung und Personen mit dem richtigen Mindset an Bord, können wir es schaffen, auch zukünftig die richtigen Talente zu finden. Und dann mit einem guten Gefühl ein Eis essen gehen.

„True motivation comes from achievement, personal development, job satisfaction, and recognition." — Frederick Herzberg

Kapitel 8

Brand new: Die Rolle des Personal Brandings

Wir haben erläutert, wie wichtig und komplex die Rolle der New Hiring Recruiter:innen ist. Ohne eine gut aufgestellte Recruiting-Abteilung werden Arbeitgeber:innen zukünftig nicht mehr erfolgreich sein. Und wir haben bereits einen Aufruf gestartet: Recruiter:innen sollten voller Stolz ihren Wert für das Unternehmen in die Welt hinaustragen. Sie ermöglichen Unternehmen ein wirtschaftliches Wachstum. Und sie ermöglichen Talenten, über sich hinauszuwachsen und den nächsten Schritt zu gehen. Es wird also höchste Zeit sich damit zu beschäftigen, wie Recruiter:innen ihre eigene Recruiting Brand entwickeln und dafür die verdiente Sichtbarkeit und Aufmerksamkeit erhalten.

Wir schauen uns nun an, wie Unternehmen ihre Mitarbeiter:innen dazu bringen können, eine Personal Brand aufzubauen und diese zu nutzen. Wie das besonders gut im Recruiting funktioniert, wird in folgendem Interview deutlich, welches bereits im Buch „Digital Personal Branding" von Marina Zayats (2020) erschien ist. Marina Zayats spricht mit Stephan Rathgeber über die Personal Brand im Recruiting:

Das Institute for the Future (2018, S. 15) hat zehn Fähigkeiten ausgemacht, die in der Arbeitswelt der Zukunft am wenigsten relevant sein werden. Dazu gehört: „Writing and reviewing resumes. Digital portfolios, personal branding, and performance reputation will replace resumes." Wie siehst Du das, Stephan?

Dazu habe ich eine klare Meinung: Die Art, wie wir heute noch an vielen Stellen Recruiting machen, ist tot, die Fachabteilungen übernehmen den Kern des Recruitings selbst. Die Rolle der Recruiter:innen wird administrativer und damit leichter zu automatisieren oder im Gegenteil beratender und damit weiterhin relevant. Die Führungskraft ist als Recruiting-Wegweiser:in für die eigene Fachabteilung und Unternehmung gefragt.

Warum?

Zum einen werden Führungskräfte und deren Mitarbeiter:innen in den Fachabteilungen rekrutieren können, ohne ihre eigentlichen Aufgaben zu vernachlässigen. Wie? Indem ihre Digital Personal Brand für sie arbeitet, während sie ihren Job machen oder ihren Feierabend genießen. Beispiel: Die Führungskraft hat 800 Kontakte auf XING, veröffentlicht dort als XING-Insider Artikel zu bestimmten Themen, die auch potenzielle Mitarbeiter:innen interessieren. Diese werden auf ihn aufmerksam, es entsteht ein Dialog auf Augenhöhe. So kann kosten- und zeiteffizient mit genau der richtigen Zielgruppe kommuniziert werden. Am eigenen Beispiel erlebe ich, was es im Positiven bedeutet, einen eigenen Talentpool in den Sozialen Netzwerken zu haben.

Zum anderen werden unsere Jobs immer komplexer. Die Einschätzung dessen, ob Bewerber:innen die vielfältigen fachspezifischen, aber auch zwischenmenschlichen Fähigkeiten besitzen, können generalistisch aufgestellte Recruiter:innen gar nicht mehr treffen. Deswegen erstellen Recruiter:innen Shortlists mithilfe von Active Sourcing auf Plattformen wie XING oder LinkedIn.

Diese müssen sie dann schon im nächsten Schritt an die Führungskraft übergeben. Momentan brauchen wir eher mehr Recruiter:innen als weniger, doch je mehr administrative Tätigkeiten im Recruitingprozess durch Technologien, wie etwa Chatbots, automatisiertes Matching oder Algorithmen übernommen werden können, umso weniger müssen diese von Menschen erledigt werden.

Können Unternehmen nicht auch ihre Recruiting-Abteilung fit machen mithilfe von Digital Personal Branding?

Ja, das geht und erfordert einiges an Arbeit. Ich stelle mir die Weiterentwicklung zu einer Art „Super-Recruiter:in" vor, der/die eng im Austausch ist mit der Fachabteilung und sich auf einen bestimmten Bereich fokussiert. Neben dem Fachwissen benötigt ein:e Super-Recruiter:in zudem das Wissen über Content, Kanäle und eben alle anderen Bestandteile von Digital Personal Branding. Da geht es den Führungskräften und Mitarbeiter:innen der Fachabteilungen nicht anders, nur dass sie bereits das Fachwissen haben und in der Regel wissen, wo sich ihre potenziellen Kolleg:innen aufhalten, welcher Content sie interessiert und die relevanten Themen häufig glaubwürdiger transportieren können. Jedoch hat ein:e Super-Recruiter:in mehr Zeit, sich der eigenen Digital Personal Brand zu widmen. Neben den sozialen Netzwerken sind zudem auch analoge Kanäle gefragt, z. B. der Auftritt an Universitäten, Meet-ups und Konferenzen.

Was hat ein Unternehmen noch davon, wenn die eigenen Mitarbeiter:innen, seien es nun Recruiter:innen oder Führungskräfte, ihre Digital Personal Brand im Berufskontext einsetzen?

Ein großes Thema ist die Unternehmenskommunikation, sowohl extern als auch intern. Diese ist durch die Digitalisierung immer weniger zentral steuerbar. Jeder Mensch hat heute die Möglichkeit, als „Corporate Influencer" aufzutreten und dem Unternehmen ein Gesicht zu geben samt eigenem Standpunkt. Das bedeutet einen Machtverlust für die PR-Abteilung, die interne Kommunikation und auch das Management.

Die Frage ist, wie ich als Unternehmen damit umgehen will. Versuche ich es aufzuhalten oder nutze ich diese Veränderung als Chance? Ich plädiere für Letzteres. Wenn ich meine Mitarbeiter:innen befähige, ihre Digital Personal Brand aufzubauen, indem ich ihnen die Zeit dafür einräume, Werkzeuge und Training an die Hand gebe, dann erschaffe ich einen großen Hebel für eine positive Unternehmenskommunikation, die sowohl nach außen als auch nach innen wirken kann, zumal ich als Mitarbeiter:in sowohl in LinkedIn und XING als auch in unternehmensinternen sozialen Netzwerken fast ausschließlich positiv auftrete. Alles Negative findet eher persönlich über den Flurfunk statt oder auf anonymen Arbeitgeber:innenbewertungsportalen wie kununu. Wichtig ist dabei, dass es Vorbilder im Unternehmen gibt, die Digital Personal Branding aktiv leben und die Mitarbeiter:innen animieren mitzumachen, am besten die eigenen Führungskräfte.

Der bekannte Psychologe Albert Bandura bezeichnet diesen Wirkmechanismus als „Lernen am Modell". So sind wir Menschen von klein auf programmiert: Wir lernen durch Beobachtung und machen anderen Menschen Sachen nach.

Perspektivwechsel: Was haben Mitarbeiter:innen davon, ihre Digital Personal Brand aktiv aufzubauen in ihrem Berufskontext?

Bei meinem früheren Arbeitgeber hatte die Reisekostenbearbeiterin um ein Vielfaches mehr an aktiven Followern als die meisten

Führungskräfte im internen sozialen Netzwerk. Sie war sehr vielen Menschen im Unternehmen ein Begriff, über alle Hierarchiestufen hinweg, weil sie relevanten Content teilte und kommentierte. Dieses Beispiel zeigt, dass Du als Mitarbeiter:in die eigene Sichtbarkeit und Expertise im Unternehmen mithilfe Deiner Brand aktiv selbst steuern kannst. Auch die offenen Business-Netzwerke sind dafür eine tolle Plattform, wenn Du dich mit Kolleg:innen aktiv vernetzt. Das schafft neue Chancen für die eigene Karriere, wenn man z. B. in seiner eigenen Abteilung nicht mehr weiterkommt.

Unternehmen profitieren von aktiven Mitarbeiter:innen in Social Media. Doch wie vermittle ich auch den Mitarbeiter:innen den Wert einer starken Digital Personal Brand für sie persönlich?

Mitarbeiter:innen, die nicht oder nur wenig aktiv sind auf beruflichen Netzwerken wie XING oder LinkedIn, werden tatsächlich nicht sofort sehen, welche Vorteile ihnen Digital Personal Branding bietet. Man kann niemanden zwingen und auch nicht jeden gewinnen. Wenn man jedoch die Menschen gewinnen will, die sich noch keine Meinung gebildet haben, hilft meiner Erfahrung nach folgendes Vorgehen:

1. Als Unternehmen aktiv ansprechen, warum man Digital Personal Branding für wertvoll hält und Analogien von virtueller zu analoger Welt aufzeigen, also ein:e Übersetzer:in sein. Was ist z. B. das digitale Pendant zu Mitarbeiter:innenfeedbacks, Recruitingevents oder Kund:innentelefonaten? Solche Beispiele werden eher wirksam im persönlichen Austausch, weswegen z. B. Netzwerke mit aktiven Personal-Branding-Nutzer:innen und inaktiven eine geeignete Plattform sind.

2. Aufzeigen, wie Mitarbeiter:innen noch von dem Aufbau der eigenen Brand profitieren: Auch abseits der aktuellen Tätigkeit wie oben beschrieben. Stichwort digitale Skills! Soziale Netzwerke sind nun einmal ein Bestandteil der digitalen Welt und der Zusammenarbeit in dieser. Social Media Training als ein Bestandteil

der Digital Personal Brand hilft dabei, die eigene Beschäftigungsfähigkeit zu sichern und weiter auszubauen.

3. Zeigen, wie es geht! Stichwort: „Lernen am Modell". Hier sind vor allem Vorbilder gefragt, aber auch ein klarer Rahmen (z. B. in Form eines Social Media Frameworks). Damit senkt man Hürden, die entstehen, wenn man Angst hat, etwas falsch zu machen. Zudem sollte man aber auch über Einstiegshürden nachdenken. Wenn ich erst ein aktuelles, professionelles Foto machen muss, kann das den Start hemmen. Warum also als Unternehmung nicht einfach einen professionellen Fotografen zur Seite stellen und damit in die visuelle Brand meiner Mitarbeiter:innen investieren? Natürlich gehören auch die notwendigen Trainings dazu. Am besten sind Trainingsformate, in denen man am Modell praktizieren kann, also z. B. Pionier:innen-Gruppen, in denen sich die Menschen gegenseitig beflügeln und Tipps geben.

4. Letztlich würde ich auch über das Thema Incentivierung nachdenken. Allerdings eine, die wieder unterstreicht, dass beide Seiten profitieren. Wenn die eigene Führungskraft oder sogar der Vorstand meine Beiträge in Social Media kommentiert und likt, ist das Dopamin pur!

Fazit: Digital Personal Branding ist also mehr als ein:e Chancenmacher:in für die eigene Karriere oder die Recruiting-Abteilung. Es ist die Antwort auf eine Arbeitswelt, die immer vernetzter wird und in der Vertrauen zwischen Unternehmen, Führungskraft, Recruiter:innen und Mitarbeiter:innen die entscheidende Rolle spielt. Vielen Dank für Deine wertvollen Erfahrungen, Stephan!

Kapitel 9

Rethink: Personalberater:innen als Vorbild

„Schon der zehnte Anruf heute, der eine Beauftragung möchte. Nervt. Lasst mich in Ruhe.“ Das hat jeder schon aus der eigenen HR gehört. Doch die Kooperation mit der Service-Industrie der Personalberater:innen kann sehr fruchtbar sein. Daher gilt im New Hiring Kooperation als neues Credo: Miteinander gegen den Arbeitskräftemangel statt Gegeneinander im selben Haifischbecken.

1. Personalberater:innen, Personaldienstleister.:innen, Headhunter:innen, Staffing Agencies. Zwar sind diese Begriffe nicht zu 100 Prozent deckungsgleich, doch an dieser Stelle sind die Unterschiede wenig relevant, weshalb hier „Personalberater:innen“ als Sammelbegriff verwendet wird.

2. Die Branche der Personalberater:innen hat sich in den vergangenen 10 Jahren massiv professionialisiert und entwickelt: Eine 2-Milliarden-Euro-Industrie, die weiter stark wächst (BDU, 2021).

3. Der Innovationsdruck durch über 2.000 Unternehmen, die Personalberatungen alleine in Deutschland anbieten (Statista 2019), ist hoch. Das führt zu Verdrängung und Neuentwicklungen der Geschäftsmodelle.

4. Personalberater:innen sind mehr als der teure Notnagel, wenn nichts anderes mehr hilft. Sie spielen eine strategische Rolle im New Hiring.

Wind of Change: Old Hiring Ballerbude vs. New Hiring Personalberater:in

„Das Personalberatungsgeschäft wandelt sich radikal: Die Digitalisierung hat längst auch unseren Markt erreicht – und das in einer Form und Intensität, die wir uns vor zehn Jahren noch nicht vorstellen konnten." Jochen Kienbaum

Personalberater:innen kämpfen häufig mit Vorurteilen. Mit Sicherheit gibt es auch einige, die im Old Hiring ihren Job ausbaufähig gestalten, allerdings gibt es viele, die New Hiring Prinzipien bereits leben und damit umso erfolgreicher sind.

Old Hiring Ballerbude

Immer wieder hört man von Personalberater:innen, die ihren Job eher wie eine Tennisballmaschine verstehen. Erstmal so schnell wie möglich und wahllos losballern und hoffen, dass man mit dem Schläger irgendeinen Ball trifft, der dann im Ziel landet. Recruiter:innen nervt das häufig und wenn man mit ihnen spricht, bekommt man Aussagen zu hören wie: „Mein Telefon habe ich mittlerweile ausgeschaltet, weil sonst täglich zehn Personalberater:innen mit mir sprechen wollen."

Es gibt Personalberater:innen, die prinzipiell alles besetzen möchten – Hauptsache sie haben eine Kandidatin oder einen Kandidaten, die oder der dann überall vorgestellt werden kann. Häufig würden diese Personalberater:innen auch anders arbeiten, sie müssen aber schlichtweg ihre Vorgaben einhalten: Telefonzeiten erfüllen, Termine machen und eine bestimmte Anzahl versendeter CVs erreichen. Klar, dass da wenig Zeit und Möglichkeiten für anderes bleiben. An dieser Stelle ist insbesondere ein Umdenken bei den Führungskräften gefragt: Welche Ziele sind wirklich notwendig, um die Kund:innenwünsche zu erfüllen? Was ist eher demotivierend und sorgt für eine schlechte Customer und Candidate Experience?

New Hiring Personalberater:innen

Setzt man sich etwas genauer mit der Branche auseinander, so sieht man schnell: Das, was diese Branche leistet, ist phänomenal und ohne sie würden die Unternehmen wirtschaftlich niemals so viel Kraft haben, denn ihnen würden einfach die Mitarbeiter:innen fehlen.

New Hiring Personalberater:innen zeichnen einige Faktoren aus:

Regionalität: Ein:e Personalberater:in hat die Aufgabe, sich in der gesamten Region mit Kund:innen, Ansprechpartner:innen und Kandidat:innen zu vernetzen. Was uns häufig im Corporate Recruiting fehlt, ist hier essenziell, um ein regionales Netzwerk aufzubauen.

Personalberater:innen profitieren von ihren regionalen Netzwerken.

Berater:innen für Vertriebspositionen in München kennen nach mehreren Jahren im Idealfall alle Ansprechpartner:innen, die im Münchener Kreis Vertriebsleiter:innen, Team-Leiter:innen oder ähnliches sind. Sie kennen die Chancen und Herausforderungen der jeweiligen Branchen, in denen sich die Kund:innen befinden und können somit Unternehmen aktiv dabei helfen ein noch umfassenderes Know-How über den Markt zu gewinnen. Während ein:e Vertriebsleiter:in von Volkswagen gegebenenfalls niemals die Infos von der oder dem Vertriebsleiter:in bei Daimler bekommen hätte, so können Personalberater:innen hier meist aus dem Vollen schöpfen, denn wenn sie erst einmal mit den einen arbeiten, arbeiten sie meist auch mit den anderen, um Synergieeffekte zu erzielen.

Markttrends: Durch die starken Verbindungen zu den Entscheider:innen der Unternehmen, mit denen sie zusammen arbeiten, haben Personalberater:innen erheblichen Zugang zu Hintergrundinformationen der Branche.

Sie wissen meist bestens, wie es den Unternehmen wirtschaftlich geht, wohin sich die Produktstrategien entwickeln, oder aber welche Personalentscheidungen bald anstehen, die noch nicht öffentlich sind. Der Vorteil dabei ist auch, dass sie aus verschiedenen Perspektiven auf den Markt schauen. Während ein einzelnes Unternehmen nur durch eine Brille die eigene Welt sieht, so haben Personalberater:innen ein ganzes Dutzend Brillen jeden Tag auf. Ihr Wissen ist ihre größte Macht, Wissen darüber, was in einer Branche ansteht, wie sich Situationen entwickeln und wie darauf recruitingseitig reagiert werden könnte.

Meister:innen der Candidate-Relationship: Der wichtigste Faktor von New Hiring Personalberater:innen ist natürlich das eigene Kandidat:innennetzwerk. Häufig kennen

Personalberater:innen ihre Kandidat:innen so gut, dass sie wissen, wie der/die Partner:in oder die Kinder heißen, wohin sie in den Urlaub fahren, wann sie Geburtstag haben, was sie in der Freizeit machen, oder was die persönlichen Karrierewünsche sind. Personalberater:innen bauen teilweise so enge Beziehungen in ihrem Kandidat:innennetzwerk auf, dass diese über Jahre halten. So begleiten sie oft ihre Kandidat:innen während ihrer gesamten Karriere und können ihnen bei Karriereentscheidungen beratend helfen.

Personalberater:innen kennen ihre Kandidat:innen bestens.

Vertrauenspersonen für Unternehmen und Talente

Für den Prozess mit den Kund:innen treffen sich Personalberater:innen häufig mehrmals mit ihren Kandidat:innen. Das bringt die Möglichkeit, dass die Personalberater:innen ihren Kandidat:innen konkrete Empfehlungen zum Auftreten in Interviewsituationen geben können. Wie ist die Haltung der Kandidat:innen, wie die Stimme oder das Auftreten? Manchmal kann dies über Einstellung oder Nicht-Einstellung entscheiden. Darüber hinaus kennen Personalberater:innen häufig die Kultur der unterschiedlichen Unternehmen, für die sie arbeiten, sehr gut. Sie hatten mit mehreren Ansprechpartner:innen Kontakt und konnten sich austauschen und waren auch oftmals vor Ort. Der Cultural Fit von Kandidat:innen ist im New Hiring mittlerweile genauso wichtig wie das Skillset. Personalberater:innen sind hier hervorragende Unterstützer:innen.

Beim Thema Gehalt können Personalberater:innen häufig sowohl Kandidat:innen eine Einschätzung geben, wie sie im Branchenvergleich liegen und wo sie gegebenenfalls Anpassungen in der Erwartungshaltung vornehmen müssen, sie können allerdings auch ihren Kund:innen hilfreiche Ratgeber:innen sein, um die eigenen Gehaltsspannen realistischer einschätzen zu können. Während ein Unternehmen sonst alleine weit unter dem Marktdurchschnitt eine Position dotiert hätte, so kann mit Hilfe einer Personalberater:in hier Licht ins Dunkel gebracht werden. Häufig verhandeln die Berater:innen auch das Gehalt der Kandidat:in und können somit mögliche persönliche Verhandlungsinkompetenzen aushebeln und sorgen für mehr Gleichheit und ein geringeres Gender-Pay-Gap.

Die Aufgaben von Personalberater:innen sind also vielseitig und können richtig eingesetzt einen unheimlichen Mehrwert sowohl für die Unternehmen als auch für die Kandidat:innen bringen. Es lohnt sich also wirklich genauer bei der Auswahl der Personalberater:in Ausschau zu halten, sich auf einen Austausch einzulassen und das Telefon nicht auszuschalten.

Wie man von Personalberater:innen lernen kann, Recruiting als Business Case zu verstehen

Recruiting ist das Kerngeschäft von Personalberatungen und wird dementsprechend als Profitcenter gesteuert. Sonst könnte man darauf auch nicht Umsatz und Gewinn optimieren und weiter wachsen. Aus dieser Philosophie lässt sich vieles – sicher nicht alles – erlernen und abschauen zu „Recruiting = Sales“ und zur Steuerung.

In der Personalberatung wird Recruiting schon seit Jahren gesteuert wie eine Vertriebsfunktion. Das bedeutet, dass die oder der Recruiter:in Kennzahlen erfüllen muss, Vertriebsgespräche (=Interviews) führt, mit Personas arbeitet und digitale Werkzeuge selbstverständlich zu nutzen weiß. Auch ist die Ausbildung von Recruiter:innen der im Vertrieb sehr ähnlich – mit Einwandbehandlung, Überzeugungskraft, Kommunikationsfähigkeiten, NLP und vielen weiteren Werkzeugen des klassischen Vertriebs.

Es wird sichtbar: Die veränderte Rolle der Recruiter:innen als New Hiring Manager:innen ist in der Personalberatung vielfach schon umgesetzt. Unter anderem deswegen sind die Teams von Personalberater:innen auch gerne gesehene Talentpools für die Corporate Recruiting Teams von Unternehmen und sind vielfach bekannt für ihre gute Ausbildung.

Vier Thesen zur Personalberatung für 2022-2025

HR, Recruiting und Arbeitsmarkt verändern sich weiter schnell. Der Druck ist groß im New Hiring. Das hat Auswirkungen auf die Personalberatung. Dazu vier Thesen:

1. Talent Shortage und Kostenexplosion bei Recruiting Ressourcen führen zu Preiserhöhungen in der Branche.

2. Diversity und Gender Equality machen Recruiting für Unternehmen noch komplexer: Das ist eine große Chance für Personalberater:innen und auch eine Verantwortung, in den eigenen Strukturen Diversity ernsthaft zu leben. Hier gibt es noch viel zu tun.

3. Talent Access: Den ständigen datenschutzsicheren Zugang zu den richtigen Talenten aufrechtzuerhalten im Sinne des Community Managements wird zur strategischen Challenge.

4. Die Anforderungen der Kund:innen an Prozess-Effizienz und Daten-Transparenz der Personalberater:innen steigt rapide. Personalberater:innen müssen ihre Prozesse weiter verschlanken und vor allem über Dashboard und Reporting-Lösungen Transparenz über die eigenen Abläufe und Erfolge für ihre Kund:innen ermöglichen.

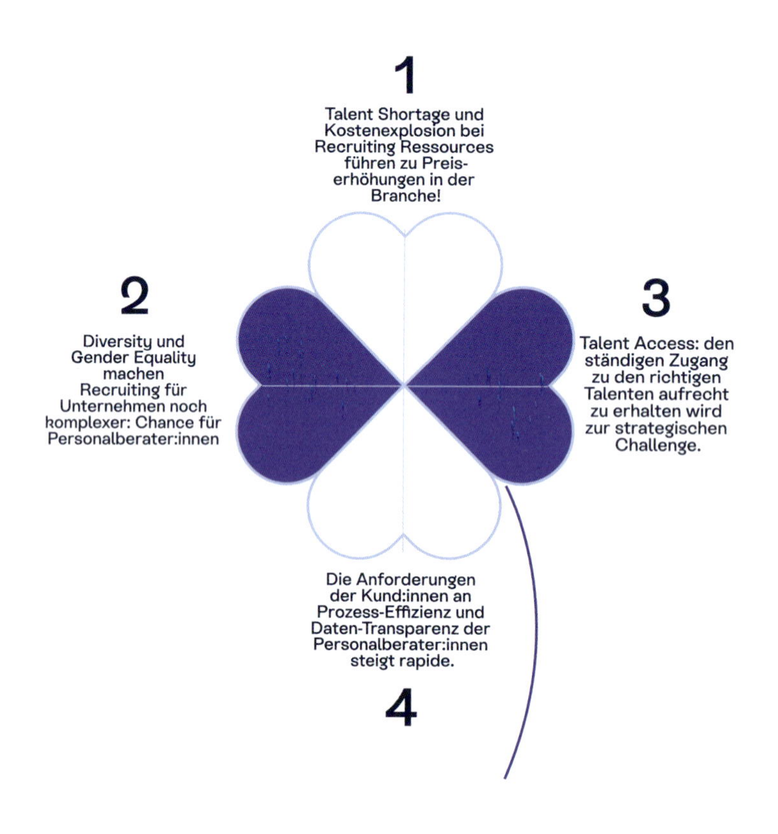

Last but not least: Durch das Ungleichgewicht von Supply und Demand werden Personalberatungsfirmen bis 2030 so schnell wachsen wie noch nie in der Geschichte. Ihre Funktion wird aufgewertet, sie rücken mehr und mehr ins Zentrum von Unternehmensstrategie. Diese Chance gilt es zu nutzen.

Kapitel 10

Symbiosis: Recruiting + Fachbereich + Personalberatung

Gemeinsam erfolgreich: Grabenkämpfe zwischen verschiedensten Fachbereichen müssen der Vergangenheit angehören. Denn eigentlich verfolgen alle dasselbe Ziel. Im New Hiring ist die Kooperation zwischen Recruiting, Fachbereichen und Personalberater:innen essenziell. Dies setzt eine neue Art der Zusammenarbeit voraus. Es gibt verschiedene Faktoren, auf die künftig in der Kommunikation verstärkt geachtet werden muss:

Regelmäßiger Austausch

Klingt einfach, ist im Alltagsgeschäft dann meist doch nicht so leicht zu realisieren: Miteinander reden und zwar regelmäßig. Hilfreich sind Meetings, die in bestimmten zeitlichen Abständen fest stattfinden und über eine Agenda verfügen. Was sind pressierende Themen? Welche offenen Stellen gibt es im Unternehmen? Wie sehen deren Anforderungsprofile aus? Wer muss hierzu Informationen liefern? Das Recruiting und — wenn vorhanden — externe Dienstleistungen beraten den Fachbereich und halten diesen auf dem Laufenden bzgl. aktueller Suchprojekte.

Fakten-Check

Im Austausch sollten auch regelmäßig die Fakten der zu rekrutierenden Positionen gecheckt werden. Besonders die Personalberater:innen können hier hilfreich sein und Recruiting und Fachbereich wichtige Kennzahlen liefern. Diese sollten bezogen auf die konkreten Vakanzen besprochen und dann umgesetzt werden. Stellen wir beispielsweise fest, dass bei branchenverwandten Unternehmen aktuell eine Kündigungswelle ansteht, von der die Personalberater:innen wissen, dann ist das eine wichtige Information, die der Fachbereich bekommen sollte, um sich selbst mit potenziellen Kandidat:innen aus dem Unternehmen zu vernetzen.

Feedback im New Hiring Prozess

Irgendwann geht auch mal etwas schief. Das ist normal. Stichwort Fehlerkultur. Statt diese Fehler oder Kritikpunkte zeitnah anzusprechen, werden sie häufig auf die lange Bank geschoben – sei es, weil die Zeit fehlt oder weil man den oder die Kolleg:in nicht verletzen möchte. Am Ende ist dieses Verhalten kontraproduktiv und rückt vom Ziel Candidate Centricity weiter ab.

Ein Beispiel: Im Interview wurden einer Kandidatin bzw. einem Kandidaten Fragen gestellt, die nicht zielführend waren und der Kultur des Unternehmens widersprechen. Hier hilft im

Anschluss ein ausgiebiges Feedback im internen Kreis, um derartige Missgeschicke in der Zukunft minimieren oder gänzlich ausschließen zu können. Das gleiche gilt natürlich auch bei anderen Feedbacks, die das Zusammenspiel der Abteilungen untereinander behindern: lange Antwortzeiten etwa. In Zeiten des Fachkräftemangels ist schließlich Eile geboten.

Die Zusammenarbeit und der Informationsaustausch zwischen diesen drei Bereichen können wie eine Spirale in den Erfolg wirken, weil man so viele unterschiedliche Perspektiven einnimmt und Grauzonen stark minimiert, von denen man alleine im Recruiting oder im Fachbereich in der täglichen Routine und aufgrund mangelnder Ressourcen nichts mitbekommen würden. Außerdem motiviert es unheimlich, zusammen den Erfolg im Recruiting zu gestalten.

Wer durchschlägt den gordischen Knoten für mehr Vertrauen in der Zusammenarbeit?

Die größte Herausforderung im Zusammenspiel von HR und Personalberatung ist der Konflikt über Geldthemen. Das Problem ist die herrschende Intransparenz. In der Regel stellen Personalberater:innen nach erfolgreicher Vermittlung dem Unternehmen eine Rechnung. Die Betragshöhe entspricht einem prozentualen Anteil des Bruttojahresgehaltes des/r vermittelten Kandidat:in — 25 bis 33 Prozent sind üblich. Das bringt ein paar Herausforderungen mit sich:

- ✦ Je mehr das Talent verdient, desto höher fällt die Rechnung aus. Aber: Ist die Gehaltshöhe tatsächlich gerechtfertigt oder hat die/der Personalberater:in das Gehalt nach oben optimiert, um eine höhere Rechnung stellen zu können?
- ✦ Hätte die/der Personalberater:in vielleicht auch jemanden mit einem geringeren Gehaltswunsch gefunden, aber nicht vorgestellt?
- ✦ Nicht oder weniger zu bezahlen, ist bei den mittlerweile hohen Preisen eine vermeintlich lohnenswerte Strategie für das Unternehmen.

In Kombination führt das dazu, dass beide Parteien sich misstrauen und stets das Gefühl haben, vom jeweils anderen übers Ohr gehauen zu werden.

Eine optimale Lösung haben wir dazu (bisher) nicht gefunden. Ein paar Ideen gibt es dennoch:

- ✦ Über den kompletten Prozess sollte von Beginn an eine volle Transparenz herrschen.
- ✦ Sinnvoll ist der Aufbau einer strategischen Partnerschaft mit langfristigen Verträgen, so dass es nicht so darauf

ankommt, in jedem einzelnen Fall die maximale Wertabschöpfung zu betreiben.

- Hilfreich ist eine Splittung der Bezahlung in Abschnitte. Ein Vorschlag: ein Drittel zu Beginn, ein Drittel bei Lieferung der Shortlist, ein Drittel bei Einstellung.
- Wenn es für beide Parteien in Ordnung ist, könnten auch Festpreise vereinbart werden.

Besonderer Faktor Führungskraft

Auf die Führungskraft kommen im New Hiring jede Menge neuer Aufgaben zu, die es neben den bereits bestehenden Tätigkeiten zu erledigen gilt. Aber: Es ist noch kein:e Meister:in vom Himmel gefallen. Im Unternehmen gibt es zahlreiche Ansprechpartner:innen, die mit ihrer Expertise und ihrem Fachwissen unterstützen können:

- **Fachbereich HR & Recruiting**: Aufgrund des zunehmenden Fachkräftemangels verstärken viele Unternehmen ihr Engagement im Recruiting. Entsprechend werden Budgets erhöht, mehr Personal eingestellt und neue Tools eingebunden. Von dieser Entwicklung profitieren auch Führungskräfte, die sich im Zuge von New Hiring verstärkt mit der Personalsuche beschäftigen.

- **Führungskräfte anderer Bereiche:** Der Austausch mit anderen Führungskräften im Unternehmen ist sehr hilfreich. Es besteht immer eine Chance, dass diese über Mitarbeiter:innen im Team verfügen, die den nächsten Schritt in der Firma machen möchte und sich einen Wechsel in eine andere Abteilung vorstellen könnten. Manche Unternehmen haben hierfür auch einen speziellen Prozess mit dem Ziel Abwanderungen zu vermeiden und Talente in der Firma zu halten.

- **Personalberatungen und Headhunter:innen:** Sie sind die Profis für eine schnelle und konsequente Besetzung und sie haben ihren berechtigten Preis. Aufgrund des grassierenden Fachkräftemangels und der damit verbundenen Zeit, die für Nachbesetzungen benötigt wird, bietet es sich in bestimmten Fällen an, auf externe Dienstleistungen zu setzen. Mehr über die Rolle von Personalberatungen findet man in *Kapitel 9: „Rethink: Personalberater:innen als Vorbild“*.

- **Empfehlungen aus dem eigenen Team:** Gleich und gleich gesellt sich gern. Das eigene Team verfügt für gewöhnlich über Kontakte und Netzwerke, die spannend für das Unternehmen sein könnten. Immer mehr Arbeitgeber:innen incentivieren ihre Mitarbeiter:innen für erfolgreiche Empfehlungen und bieten spezielle Programme an. Oftmals reicht es aber auch schon, offene Vakanzen im Team anzusprechen.

Zur Erinnerung: Candidate Centricity steht an vorderster Stelle. Das bedeutet, dass der Recruiting-Prozess sich konsequent an den Bedürfnissen der Kandidat:innen ausrichten sollte. Sinnvoll ist daher, mit dem Talent persönlich in Kontakt zu treten, um ihm oder ihr die Möglichkeit zu geben, das Team, den Job und die Kultur kennenzulernen, bevor der eigentliche Prozess angestoßen wird. Das mag zu Beginn sehr zeitintensiv sein, wirkt sich aber positiv auf den anschließenden Rekrutierungsprozess aus.

Exkurs: Recruiting is like Dating <3

Recruiting ist wie Dating und dass es so viele Parallelen gibt, ist kein Zufall, suchen wir doch in beiden Bereichen das „Perfect Match". Dieses Kapitel handelt davon, wie es eigentlich ist, sich zu verlieben, in eine Person oder eine:n Arbeitgeber:in. Wie die Ansprache des oder der Angebeteten gelingen kann. Wie das eigentlich ist, wenn man schon längst verheiratet sein sollte, aber nicht den oder die vermeintlich passende:n Partner:in findet. Aber auch davon, wie man dafür sorgen kann, dass es auch bei den beziehungsunfähigsten Fachbereichen und Personen klappen kann. Und falls am Ende immer noch nichts fest ist, dann brauchen wir natürlich auch ein gutes Absagenmanagement — aber bitte kein Ghosting.

Wie wird man ein:e Arbeitgeber:in, die/den man liebt?

Wann warst Du das letzte Mal verliebt? Denk nochmal zurück ... Warum hast Du Dich verliebt, wie hat sich das angefühlt und wie kam es dazu, dass aus einem kleinen Gefühl echte Verliebtheit wurde? Hat sich Deine Herzensperson einfach vor Dich hingestellt und gesagt: „Hi, ich bin männlich/weiblich, sehe gut aus, bin eine gute Partie und denke, wir passen sehr gut zusammen, außerdem biete ich noch viele tolle weitere Benefits. Ich kicker gern und habe immer frisches Obst zu Hause."?

Oder war es vielleicht nicht doch eher so, dass ihr euch kennengelernt und eine Beziehung zueinander aufgebaut habt, bevor es so richtig gefunkt hat? Wohin ihr gern verreist, was ihr gern in der Freizeit macht, welche Werte ihr vertretet und irgendwann habt ihr es gemerkt: Hey, das passt einfach richtig gut und fühlt sich toll an.

Die Frage, die sich Arbeitgeber:innen also stellen sollten: Wie werde ich ein:e Arbeitgeber:in, die/den man liebt? Und warum stellen sich doch noch so viele einfach hin und erzählen, warum es so toll ist, sie zu heiraten?

Das Auge isst mit und Kleider machen Leute.

Liegt es womöglich an der nicht so schicken Frisur oder der alten, ausgewaschenen Jeans, die ständig getragen wird, dass es noch nicht gefunkt hat? Der erste Eindruck und das äußere Erscheinungsbild sind nicht nur ausschlaggebend für Dates, sondern auch für die Arbeitgeber:innenmarke.
Mach doch gern mal den Test und schau nach, was über Dein Unternehmen bezüglich der „Arbeitgeber:innenqualitäten" online zu finden ist. Du wirst erstaunliche Ergebnisse finden, wie die äußere Erscheinung deines Unternehmens für potenzielle Kandidat:innen im Netz aussieht und wie sich diese vielleicht von deiner Wahrnehmung unterscheidet.

Aber kommt es nicht auf die inneren Werte an? — Stimmt!

Wer sind wir? Um zu wissen, wer zu mir passen könnte, sollte ich am besten wissen, was mich persönlich ausmacht. Für Unternehmen heißt das also: Was ist unsere EVP (Employer Value Proposition)? Welche Werte vertreten wir, für was treten wir täglich an, welche Benefits bieten wir Kandidat:innen und was macht uns wirklich aus? Was wollen wir? Wie Du eine EVP erstellst, haben wir ja bereits zu Beginn des Buchs erläutert.

Nachdem wir also nun wissen, was uns ausmacht, gilt es zu definieren, was wir eigentlich wollen bzw. wen wir eigentlich wollen. Soll es lieber ein:e sportliche:r Bergsteiger:in sein, oder jemand mit der/dem man stundenlang auf der Couch Serien gucken und kuscheln kann? Jemand, der gern ins Theater geht, oder doch eher ins Kino? Eher Techno Fan oder doch lieber Kuschelrock? Zielgruppen und Wechselmotivatoren sollten definiert werden.

Fragt Euch, wie sieht die Kandidat:innenpersona aus? Welche beruflichen Ziele hat meine Zielgruppe, welche persönlichen? Was verschafft dieser Zielgruppe Frust im Job, was Freude im Job? Handelt es sich eher um introvertierte oder extravertierte Personen, Teamplayer:innen oder Individualist:innen?

Was unterscheidet denn eine Zielgruppe von der anderen?

Gibt es Unterschiede, wenn ich eine:n ITler:in, HRler:in, Vertriebler:in oder Marketing-Spezialist:in ansprechen möchte? Mit großer Wahrscheinlichkeit wird die Motivation, bei der Frage nach einem Date im Supermarkt vor der Fleischtheke eine andere sein als die vor der veganen Lebensmittel-Ecke. Und darauf sollten wir individuell eingehen.

Und wo treiben sich die Herzblätter so rum?

Wenn ich mir wünsche, zukünftig mit einer sehr belesenen Person zusammen zu sein, könnte ich in eine Buchhandlung oder in eine Bibliothek gehen. Im Fitnessstudio morgens um 7 Uhr treffen wir sicherlich die Person, die auch gern mit uns den Mount Everest besteigt.

Vielleicht sollte ich auch mit manchen Dingen aufhören und einfach Tinder löschen, wenn ich etwas Festes möchte und nach der wahren Liebe Ausschau halte? (Ausnahmen bestätigen die Regel — No offence to the Tinder couples)

Aber ernsthaft ... Welche Kanäle und Medien nutzt meine Zielgruppe? Sind ITler:innen eher auf fachspezifischen Plattformen wie Honeypot oder Stackoverflow? Ist XING für Positionen in der DACH Region eine gute Wahl und für internationale Themen LinkedIn? Funktioniert eher Print oder Online oder doch eine Anzeige in der Bahn? Wer die oder den Richtige:n finden will, sollte am richtigen Ort suchen.

Das wichtigste im Leben: Kommunikation.

Ältere Paare geben häufig für ihr jahrzehntelanges Liebesglück als Rezept an: „Wir konnten immer über alles miteinander sprechen."

Für die Arbeitgeber:innenmarke ist es also maßgeblich auch online auf Arbeitgeber:innenbewertungsplattformen in Kontakt mit den Mitarbeiter:innen und potenziellen Kandidat:innen zu kommen. Das klappt am besten, indem man auf Fragen in Foren, Communities oder Kommentarfeldern antwortet. Und damit sind nicht nur Stellungnahmen bei Negativbewertungen gemeint. Antwortet auch auf positive Bewertungen und Kommentare. Diese sind Eure Chance Wertschätzung zu zeigen.

Viele Menschen sind an Eurem Unternehmen interessiert. Je mehr ihr preisgebt, wie es IST, bei Euch zu arbeiten, desto mehr spürt die/der Kandidat:in auch, wie es sich ANFÜHLT bei Euch zu arbeiten.

Eine emotional aufgeladene Geschichte ist erlebbarer als die bloße Ansammlung und Aufzählung von Fakten. Und wer sich jetzt den Hund des Nachbarn ausleihen will, um damit im Park potenzielle Kandidat:innen anzulocken, dem ist nicht mehr zu helfen — obwohl Hunde im Büro ja präventiv gegen Burnout wirken sollen und auch auf Social Media Plattformen eine gute Figur machen.

Schatz, sprich doch mal mit mir!

Wie geht es den eigenen Mitarbeiter:innen, was bewegt sie und beschäftigt sie? Falls man gar nicht mehr weiter weiß, hilft es auch häufig mal zu fragen, woran es denn nun gelegen hat, dass jemand das Unternehmen verlässt oder das Angebot zum Job nicht unterschreibt.

Feedback ist auch in diesem Fall ein wahres Geschenk und kann uns helfen uns besser aufzustellen. Nutzt Surveys nach den Bewerbungsprozessen — Mitarbeiter:innenfeedbacktools kommen auch gerade in Mode.

86 Prozent der Kandidat:innen wurden im Anschluss an das Bewerbungsverfahren nicht nach Feedback gefragt (Athanas & Wald, 2014). Und da wundern sich die Unternehmen, warum es nicht klappt.

Feedback kann von den Recruiter:innen auch direkt nach den Gesprächen persönlich eingeholt werden und am besten nutzen wir hierfür auch die Onboarding Phase neuer Mitarbeiter:innen — oder wie es noch schöner klingt: Die Honeymoon-Phase in den ersten drei Monaten nach Vertragsunterschrift. Nichts tut weh, alles ist wunderbar, die rosarote Brille sitzt noch auf der Nase, man ist verliebt. Diese Zeit ist unsere Chance auch für die Zukunft den Weg für eine liebevolle und schöne Beziehung zu ebnen.

Talk of the town

Und natürlich ist es auch wichtig, was andere über mich erzählen. Da kann die tollste Person um die Ecke kommen, wenn jeder in der Nachbarschaft, doch schon eher nur negatives erzählt und sich das Maul zerreißt („Der ist doch super unzuverlässig und total antriebslos!"), wird es schwer.

Wir kennen es von Restaurantbewertungen, Hotels, oder anderen Dingen. 44 Prozent aller Kandidat:innen bestätigen, dass das, was andere über ein Unternehmen sagen, einen Einfluss auf ihre Wechselentscheidung hat (Lange, 2021). Dreht den Spieß einfach um und macht Eure Mitarbeiter:innen zu Euren Botschafter:innen. Ein:e gute:r Wing Mate hat noch nie geschadet.

Empfehlungen halten am längsten.

Mitarbeiter:innen, die über eine Empfehlung im Unternehmen landen, bleiben durchschnittlich auch am längsten im Unternehmen. Wenn da einer ist, der bestätigen kann, dass „das echt ein toller Mensch" ist, schafft dies Vertrauen und erhöht die Chancen erfolgreich zu sein, um sich die/den Richtige:n zu angeln. Man weiß, was einen erwartet, und der

„Fit“ wurde schon ausgiebig überprüft. Der oder die beste Freund:in würde einem ja schließlich nichts Schlechtes empfehlen.

Und? Wie verliebt seid Ihr aktuell? Achtet darauf, wer ihr sein wollt, was man über Euch erzählt, wie ihr nach außen wirkt und die Beziehung nach innen Lebt. Dann klappt es auch mit L'AMOUR und dem Recruiting-Liebesglück. Und sprechen hilft ... IMMER.

Aber was ist, wenn wir schon weit jenseits der 40 sind? Panik tritt ein, jetzt muss doch endlich mal die oder der Richtige dabei sein. Viele greifen dann auf Online-Plattformen zurück. Während sich im Dating fleißig durch Tinder geswiped wird, wird im Recruiting wahllos auf allen Plattformen die Stellenanzeige geschaltet. Andere wiederum haben die Direktansprache für sich entdeckt.

Mit welcher Ansprache gewinnt man Kandidat:innen-Herzen?

Heutzutage sind wir fast alle immer wieder auf der Suche nach dem „Perfect Match“.

Sei es die perfekte Avocado — nicht zu weich und nicht zu fest, aber bitte mit Salz und Zitrone. Das perfekte Wetter — nicht zu warm, nicht zu kalt, das perfekte Dinner, der perfekte Job und natürlich die/der perfekte Partner:in.

Im Recruiting wie im Dating suchen wir die perfekte Kandidatin oder den perfekten Kandidaten. Aber wer spricht wen an und vor allem wie?

Fakt ist: Mehr als 50 Prozent der Kandidat:innen wollen lieber angesprochen werden, als sich auf einen neuen Job zu bewerben (Weitzel, 2020, S. 18). Im IT Bereich sind es sogar 78Prozent (Mesmer, 2017), wobei über die Hälfte sich wünschen würde, dass der Erstkontakt direkt über den Fachbereich erfolgt. Hier gibt es starke Parallelen zum Dating: Viele Menschen haben eine feste Meinung darüber, ob sie eher den ersten Schritt gehen würden oder sich ausschließlich ansprechen lassen möchten.

Ob im Supermarkt, der Afterwork Party, an der Bushaltestelle: Jeden Tag begegnen uns unzählige Möglichkeiten diese eine, für uns richtige Person anzusprechen. Doch aller Anfang ist schwer. Bei der Ansprache von Kandidat:innen auf XING ergeht es vielen Recruiter:innen wohl ähnlich wie bei der Partner:innensuche. Da gibt es verschiedene Herangehensweisen. Schauen wir uns diese etwas genauer an:

+++ Im folgenden wird der Text teilweise sarkastisch und greift überspitzte Inhalte auf, die mit Vorurteilen zwischen Frau und Mann spielen und kontrovers diskutiert werden können. +++

1) „Der Proll“

Der Proll hat so ca. 3,8 Promille und setzt auf Masse statt Klasse. Alles, was ihm vor die Flinte kommt, wird angesprochen, sofern es auch nur halbwegs in sein Beuteschema passt. Hat vorwiegend „er“ sein Objekt der Begierde erstmal erspäht, ruft er durch die komplette Bar: „Hey Baby, ich bin das Beste, das dir je passiert ist. Worauf wartest Du noch? Zu mir oder zu dir?“

Hoffentlich ist in diesem Fall die Antwort: „Nein! Und jetzt mach dich vom Acker!"

Das Pendant hierzu im Recruiting heißt: Massenmailing

Wir haben sie alle schon bekommen: Diese Nachricht, die einem eine „neue Herausforderung mit bester Bezahlung und 1A Aufstiegschancen" verspricht. Mit Hilfe eines Templates werden unzählige Kandidat:innen angeschrieben. Auf die fachliche Passung, individuelle Anforderungen oder Wechselmotivatoren wird nicht eingegangen. Bravo! Damit läuft das Active Sourcing bestimmt wie am Schnürchen ...

Der Vorteil des Idioten: Er ist leidensresistent. Ihn juckt es nicht, ob er eine Abfuhr bekommt. Er probiert es einfach solange, bis jemand anbeißt. Trotz überschaubarer Erfolgschancen lässt er sich nicht unterkriegen. Ganz getreu dem Motto: „Ein blindes Huhn findet auch mal ein Korn."

2) „Der Klassiker"

Der Klassiker geht mit einem ermutigenden Klapps seiner Kollegen einfach mal rüber und probiert sein Glück. Etwas unsicher und aufgeregt sagt er sowas wie: „Hi, ich bin Jan — tolles Lachen! Du wirst bestimmt häufig angesprochen — bei deiner Ausstrahlung. Lust was zu trinken? Ich lade Dich ein."

Er wirkt freundlich und professionell, wenn doch oberflächlich. Mit etwas Glück kommt er ans Ziel. Die Chancen stehen 50:50 ... Das Gespräch geht mit Smalltalk weiter. Was sie denn so beruflich macht und wie ihr Tag so war? Nun sollte er mal langsam in die Pötte kommen und nach der Telefonnummer fragen, bevor es zu spät ist.

Im Recruiting ist dies so eine Hybridlösung zwischen Template und individueller Ansprache:

Hallo Sabine,

mein Name ist Jan und ich bin Recruiter bei der Flirt GmbH — Ich bin gerade auf Dein tolles Profil gestoßen und Deine aktuelle Position als Paartherapeutin bei der Date AG passt ideal zu meiner Vakanz. Die Flirt GmbH ist ein Unternehmen mit vielen Mitarbeiter:innen und tollen Produkten sowie einem tollen Team und sucht nach neuen Kolleg:innen mit so toller Expertise wie Deiner. Schau Dir doch mal die Stellenanzeige an und melde Dich zurück. Lass uns gern auch mal telefonieren. [...]

Gleiches Prinzip also, nur dient in diesem Fall kein Drink als Köder, sondern der Stellenanzeigenlink. Recruiter:innen dieser Art stellen sich und ihre Unternehmen kurz vor und signalisieren, dass die Person interessant ist. Sie nehmen Bezug zum Profil, werden aber leider wenig konkret. Da es noch wenig Anhaltspunkte für einen Beziehungsaufbau gibt, sollte möglichst bald ein Telefoninterview geführt werden, bevor der Moment verpufft.

3) „Der, der es wirklich ernst meint“

Es beginnt mit Blickkontakt und einem Lächeln, nach einem kurzen Augenblick kommt er dann rüber. Er setzt sich neben sie, das Buch auf ihrem Tisch hat er längst entdeckt. Er kennt es, denn er hat es selbst gelesen. Er setzt sich neben sie, schmunzelt, schaut sie kurz an und sagt: „Tolles Buch oder? Manchmal wünschte ich, ich wäre auch so mutig und würde all meine Sachen verkaufen, um in die weite Welt zu reisen. Kennst Du das Gefühl?"

Sie unterhalten sich lange darüber, wo ihre Weltreisen hin gehen würden und welche Teile der Welt sie schon bereist haben. Ihre Gemeinsamkeiten schaffen schnell eine vertrauliche Verbindung, obwohl sie sich erst seit kurzen Augenblicken kennen. Neugierde und der Wunsch den anderen noch besser kennenzulernen bauen sich auf. „Vielleicht sollten wir mal zusammen verreisen?", sagt er verschmitzt mit einem Augenzwinkern. „Lass uns doch lieber mit einem gemeinsamen Kaffee kommende Woche starten", antwortet sie und hat das Gefühl, dass sie sich bereits auf eine Reise begeben hat.

Recruiter:innen in diesem Fall machen den Unterschied, weil sie sich wirklich mit den Kandidat:innen auseinandersetzen.

In unserem Beispiel bedeutet das: Der Recruiter hat das Profil gelesen und sich überlegt, welche Gemeinsamkeiten bestehen. Natürlich würde er gern sofort die Vakanz ansprechen, weiß aber, dass dies verfrüht wäre und erst eine vertrauensvolle Basis geschaffen werden sollte.

Worauf kommt es also an, wenn wir durch eine vertrauliche Basis unsere Response Rate erhöhen wollen?

- ✦ **Matching:** Das Profil wurde gelesen und verstanden, anstatt einfach loszulegen. Vakanz und Profil passen zusammen.

- ✦ **Wertschätzung:** Es wurde erkannt, welche Faktoren der Person wichtig sind. Welche Wechselmotivatoren gibt es? Welche Hobbys hat das Talent und welche Mehrwerte bieten wir?

- **Beziehungsaufbau:** Gemeinsamkeiten sind der Schlüssel zum Erfolg. Sie schaffen Vertrauen und ermöglichen einen Beziehungsaufbau. Was habe ich mit dem/der Kandidat:in gemeinsam? Was hat mein Unternehmen mit dem Talent gemeinsam — und zwar über die Vakanz hinaus? Häufig hilft es sich zu fragen, wie würde ich das Talent für mein Unternehmen ansprechen und nicht für eine spezifische Position?

- **Authentizität:** Damit es funktioniert, ist es wichtig authentisch zu bleiben. Wenn ich kein echtes Interesse an meinem Gegenüber habe, wird die Person das auch merken.

Was heißt das nun? Gibt es „den einen Weg" zum Erfolg? — Höchstwahrscheinlich nicht.

Je nach Bedarf und Situation kann jeder von uns „Der Proll", „Der Klassiker" oder „Der, der es wirklich ernst meint" sein. Sind wir Prolls, so ist dies möglicherweise nicht absichtlich der Fall, sondern auf besondere Umstände zurückzuführen. Vielleicht haben wir nicht genug Ressourcen? Sind wir klassisch unterwegs, sehen wir möglicherweise hier den effizientesten Weg zum Erfolg. Und haben wir unser „Perfect Match" vor uns, dann sind wir auch bereit „es wirklich ernst zu meinen".

Eins bleibt: Wir haben doch alle nur das Bedürfnis, „die" oder „den Richtigen" (Kandidat:in) zu finden ;-)

Und wenn dann die oder der Richtige gefunden ist, dann kommt es häufig zu Entscheidungsschwierigkeiten. Im Recruiting kennen wir das, wenn der Fachbereich „aber noch ein paar andere Kandidat:innen zum Vergleich sehen möchte".

Von außen betrachtet scheint alles schon perfekt und dann wird sich trotzdem weiter im Kreis gedreht.

Generation Beziehungsunfähig — Was tun bei (Mitarbeiter:innen-)Bindungsproblemen?

Für manch ein Unternehmen platzt jetzt die Seifenblase, aber ja — es ist die Wahrheit! Kandidat:innen daten mehrere Unternehmen gleichzeitig. Und Mitarbeiter:innen schauen sich gern auch nach anderen „Reizen" um. Viele sind gedanklich schon beim nächsten Karriereschritt, ehe das Onboarding abgeschlossen ist. Ähnlich wie auf Tinder ... von einer Person zur nächsten. Jobwechsel alle zwei Jahre? Für viele ist das inzwischen gang und gäbe. Erfüllt die/der aktuelle Arbeitgeber:in nicht mehr die Erwartungen, wird diese:r im Null-Komma-Nichts ausgetauscht.

Wie schaffen wir es also, dass unsere Mitarbeiter:innen bei uns bleiben und aus einem kurzen Flirt eine langlebige Beziehung wird? Hier haben wir die wichtigsten Maßnahmen fürs *Retention Management* gesammelt:

Employer Branding

Versetzt uns unsere Beziehung ins Schwärmen oder raubt sie uns nur noch Energie? Retention ist eng mit der Employer Brand verzahnt. Zufriedene Mitarbeiter:innen, die gerne im Unternehmen arbeiten, strahlen dies nach innen und außen aus.

Sie haben einen unmittelbaren Einfluss auf die Wirkung des Unternehmens. Die Kunst im Employer Branding ist, auf dem Teppich zu bleiben. Wer zu viel verspricht und dies nicht halten kann, erzeugt Frust. Durch Mund-zu-Mund-Propaganda führt das dann nicht nur zu schlechter Retention bzw. Fluktuation, sondern auch noch zu Problemen bei der Gewinnung von Mitarbeiter:innen.

„Passen wir denn überhaupt zusammen?“ Es sollte also bereits von Anfang an klar sein, wo die Stärken als Arbeitgeber:in liegen. Dazu bedarf es einer guten Employer Value Proposition (EVP). Wie man diese entwickelt, habt ihr ja bereits gelesen.

Erwartungshaltungen steuern

Feedbackgespräche sind heutzutage in den meisten Unternehmen der Standard. Durch den regelmäßigen Austausch, lassen sich Erwartungen abgleichen. Es werden individuelle Ziele festgelegt und besprochen. Dabei empfiehlt es sich, bereits im Onboarding über die gegenseitigen Erwartungen zu sprechen. Gemäß der Frage: „Was ist uns in einer Beziehung wichtig?“

Sowohl im Onboarding, als auch in darauffolgenden Mitarbeiter:innengesprächen ist es unerlässlich, die eigene Performance als Arbeitgeber:in abzufragen. Inwieweit werden die anfänglich formulierten Erwartungen der Mitarbeiter:innen erfüllt, wo gibt es noch Optimierungspotenzial? In einer Beziehung ist es nutzlos sich etwas schön zu reden. Hört zu und macht Euch gegenseitig besser.

Feedbackkultur leben

Eine Beziehung lebt von guter Kommunikation. Schlechte Laune verbreitet sich schnell und ist Gift fürs Betriebsklima. Leider bleiben die Auslöser für miese Stimmung häufig unausgesprochen. Deswegen ist es wichtig, eine offene Feedbackkultur zu schaffen. Fragt die Mitarbeiter:innen wie es ihnen geht, was sie denken, was sie aktuell beschäftigt und was sie sich wünschen. So können frühzeitig entscheidende Entwicklungen identifiziert und der schlechten Stimmung entgegengewirkt werden. Aber Achtung: Das erfordert natürlich einen ordentlichen, konstruktiven Umgang mit Feedback, sowie eine Umsetzung der Verbesserungsvorschläge.

Kündigungen als Chance sehen

Shit happens ... Natürlich lässt es sich nicht vermeiden, dass die ein oder andere Person das Unternehmen verlässt. Aber auch das kann hilfreich sein für das Retention Management – jede Kündigung birgt Lernpotenzial: Wir können unsere Schwächen und Optimierungspotenziale identifizieren. Fragt in einem Exit-Gespräch nach und hört ganz genau zu. Im „echten" Leben könnte man fragen: „Schatz, woran hat es denn gelegen?"

Perspektiven aufzeigen

Mitarbeiter:innen sind häufig auf Weiterentwicklung fokussiert. Mit Weiterbildungen, Mentoring Programmen, Coachings etc. könnt ihr sie hierbei unterstützen. Der

Kreativität sind hier keine Grenzen gesetzt. Als Gegenleistung bekommt ihr noch besser ausgebildete Mitarbeiter:innen. Unterstützt Eure Mitarbeiter:innen von Anfang an systematisch bei der Umsetzung ihrer Karrierepläne und entwickelt gemeinsam einen Fahrplan, wohin die Reise geht. Das motiviert und sichert Loyalität.

Flexibilität und Freiheit gewähren

Wo bist Du? Was machst Du? Und mit wem bist Du unterwegs? Solche Fragen hasst doch jeder. Mitarbeiter:innen wollen Vertrauen spüren und geben dieses dann auch gern zurück. Home Office, Sabbatical, Remote Work, Vertrauensarbeitszeit (mit echtem Vertrauen) schaffen Freiheit und Flexibilität, in denen sich Work und Life gut miteinander vereinbaren lassen.

Als Fazit lässt sich festhalten, dass auch die Beziehung zu Mitarbeiter:innen von guter Kommunikation, Ehrlichkeit und Freiheit lebt. In einigen Situationen hilft manchmal auch einfach nur Humor — denn miteinander lachen ist doch immer noch am schönsten. Und wenn sie nicht gestorben sind, dann arbeiten sie noch heute — bei Euch.

Was ist aber, wenn es mal nicht klappt?

Häufig hört man, dass Menschen sich nach zahlreichen Dates oder Interviewgesprächen einfach nicht mehr melden. Ist da eine weitere Parallele? Wird im Recruiting und im Dating gleichermaßen geghostet?

New Hiring bedeutet sich auch dann beim Gegenüber zu melden, obwohl wir eigentlich lieber ghosten würden. Ghosten, sich also wie ein Geist einfach nicht mehr blicken oder hören zu lassen, ist feige und unfair. Kandidat:innen haben dann zumindest die Möglichkeit sich mit einer Arbeitgeber:innenbewertung auf einer der Plattformen zu revanchieren.

Welch ein Glück, dass es das im Dating noch nicht gibt.

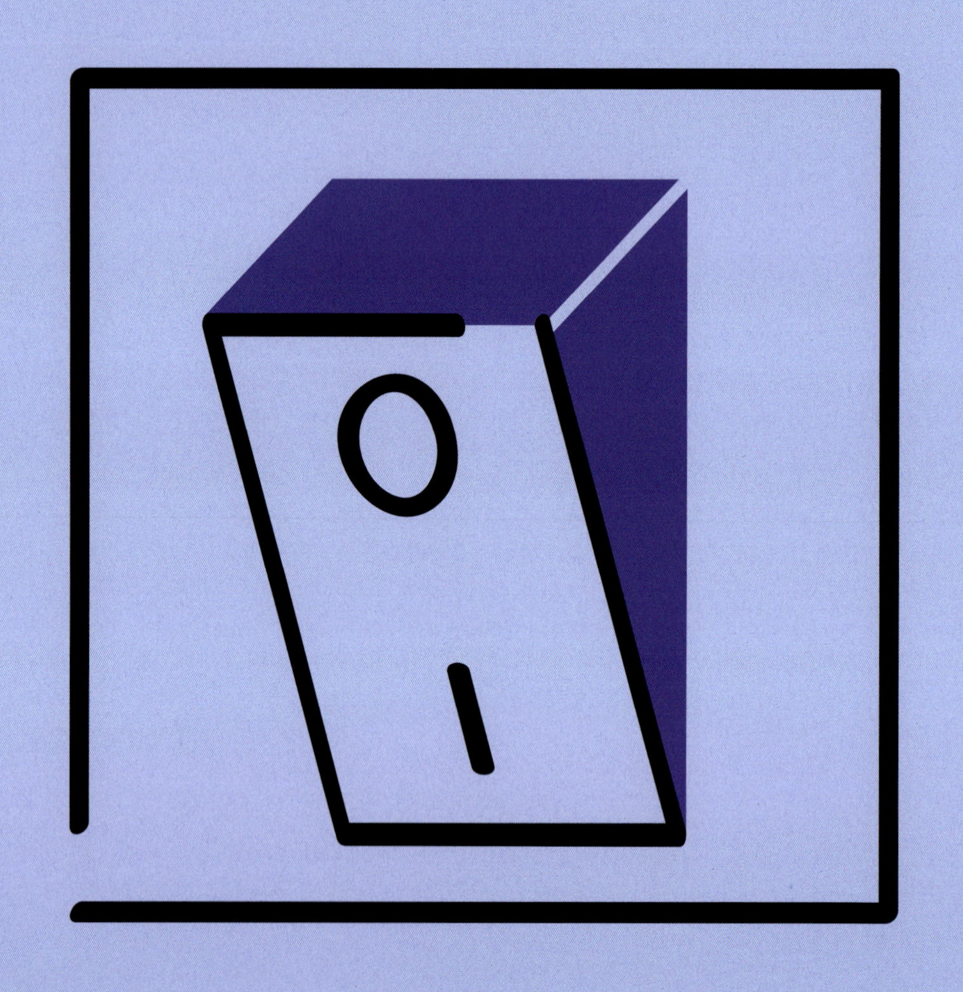

Kapitel 11

Constant Contact: Die Bedeutung des Active Sourcing

Constant Contact: Die Bedeutung des Active Sourcing

Wer heutzutage wartet, dass die passenden Bewerber:innen von selbst an die Tür klopfen, hat bereits verloren. Denn der Arbeitsmarkt hat sich verändert. Altbewährte Recruiting-Methoden funktionieren nicht mehr und Arbeitgeber:innen sind angehalten auf neue, zukunftsfähige Methoden und Konzepte zu setzen, um weiterhin passende Talente zu finden und diese auch langfristig im Unternehmen zu halten.

Post & Pray funktioniert nicht mehr

Wie bereits erwähnt hat sich der Arbeitsmarkt von einem Angebots- zu einem Nachfragemarkt entwickelt. Dafür sind nicht nur der Fachkräftemangel und der demographische Wandel, sondern auch die Corona-Pandemie mitverantwortlich. In den meisten Fällen kommen Unternehmen auf Personalberater:innen zu, weil sie zu wenig oder gar keine Bewerbungen auf Positionen erhalten, die in der Vergangenheit einfach zu besetzen waren. Viele wollen gerne neue Wege im Recruiting gehen, ihnen fehlt jedoch das nötige Know-how und die Zeit dazu.

Doch warum funktionieren altbewährte Methoden wie Post & Pray plötzlich nicht mehr? Dies kann zum Großteil auf die veränderten Anforderungen der Bewerber:innen zurückgeführt werden. Für viele ist nicht mehr nur das Gehalt der ausschlaggebende Faktor, warum sie bei einem Unternehmen arbeiten wollen. Sie möchten sich auch mit den Werten und der Kultur ihrer Arbeitgeberin oder ihres Arbeitgebers identifizieren. Diesen Umstand dürfen Recruiter:innen bei der Auswahl ihrer Maßnahmen nicht außer Acht lassen.

Dass die Unternehmenskultur eine immer größere Rolle für die Attraktivität von Arbeitgeber:innen spielt, bestätigen auch die Zahlen. Eine aktuelle Forsa-Studie im Auftrag von XING E-Recruiting ergab beispielsweise, dass 59 Prozent der Talente auf gutes Führungsverhalten bei der Auswahl ihrer/ihres Arbeitgeber:in achten. 57 Prozent wünschen sich eine flexiblere Arbeitszeiteinteilung. Der Faktor Gehalt landete lediglich auf Platz 3 (Forsa, 2022a).

New Hiring braucht Active Sourcing

Talente sind wählerischer und der Job im Recruiting wird proaktiver. Eine gute Alternative zur passiven Herangehensweise bildet die aktive Suche und Ansprache potenzieller Talente. Kaum ein Unternehmen kann es sich heutzutage noch leisten, lange auf die passenden Talente zu warten. Selbst aktiv zu werden und gezielt auf Personen zuzugehen ist deutlich effizienter und auch erfolgreicher.

Die direkte Ansprache hat jedoch noch weitere Vorteile. Mit einer persönlichen und wertschätzenden Direktnachricht können nicht nur aktiv Jobsuchende erreicht werden, sondern auch passive Talente. Somit erweitert sich der Talentpool enorm, was besonders in Zeiten des Fachkräftemangels von besonderer Relevanz ist. Außerdem kann die Methode auch proaktiv angewandt werden. Man muss mit der Suche also nicht warten, bis eine Stelle frei wird, sondern kann interessante Personen jederzeit kontaktieren und beispielsweise fragen, ob sie in den internen Talentpool aufgenommen werden wollen.

Active Sourcing wird in Zeiten von New Hiring jedoch nicht nur wegen seiner Effizienz und Passgenauigkeit unverzichtbar. Der Mensch als Individuum möchte wieder in den Mittelpunkt des Recruitings rücken und mit seinen Bedürfnissen ernst genommen werden. In keiner anderen Recruiting-Disziplin können wir so gezielt auf die einzelne Person eingehen wie beim Active Sourcing. Durch eine offene, von Vertrauen, Respekt und Wertschätzung geprägte Kommunikation signalisieren wir potenziellen Kandidat:innen, dass es wirklich um sie geht und vermitteln genau jene Werte, die sich Jobsuchende von ihrer/ihrem Arbeitgeber:in wünschen.

Active Sourcing zahlt somit direkt auf die aktuellen Veränderungen des Arbeitsmarktes ein. Warum nutzen, trotz der starken Argumente für Active Sourcing, noch so wenige Arbeitgeber:innen diese Möglichkeit?

Active Sourcing – die richtige Suche macht den Unterschied

Unternehmen, die Active Sourcing bereits in ihrem Recruiting nutzen, damit jedoch wenig Erfolg haben, führen dies auf eine falsche Ansprache ihrerseits zurück. Das tatsächliche Problem liegt jedoch meist darin, dass die zeitlichen Ressourcen und das nötige Know-how für eine zielgerichtete Suche fehlen. Dann kann es leicht passieren, dass sich im Laufe des weiteren Recruiting-Prozesses herausstellt, dass die jeweilige Person doch nicht die passende für den Job ist.

Wie geht man also am besten bei der Suche vor und welches Wissen wird dafür benötigt? Auf der Suche nach passenden Talenten ist es nicht nur wichtig, die Zielgruppe genau zu kennen, sondern auch die richtigen Schlagwörter einzugeben. Tools wie der TalentManager von XING oder der LinkedIn Recruiter nutzen außerdem Matching-Algorithmen, um passgenaue Profile auszuspielen. Es ist also die Summe aus Recruiting-Expertise und einem innovativen Algorithmus, die eine erfolgreiche Suche ausmacht.

Active Sourcing ist somit wesentlich komplexer als viele Unternehmen denken. Der erste Schritt, also die Suche nach passenden Talenten, ist zwar oft mühsam, bildet jedoch die Grundlage für eine erfolgreiche Direktansprache und sollte daher nicht unterschätzt werden.

Wo findet man Unterstützung? Active Sourcing Service als Lösung

Um mit Active Sourcing erfolgreich zu sein, braucht es Zeit und das nötige Know-how für eine zielgerichtete Suche. Vor allem die Zeit fehlt vielen Unternehmen häufig. Aus diesem Grund kann es hilfreich sein, einen Teil des Sourcings an externe Partner:innen abzugeben: sogenannte Active Sourcing Services.

Expertenteams wie der **TalentService von XING** übernehmen hierbei die Suche und das Screening passender Kandidat:innen. Sowohl Shortlists als auch Longlists können hier für die gesuchten Positionen angefragt werden, um sich somit stärker selbst auf die Ansprache konzentrieren zu können.

Darüber hinaus gibt es auch die Option, nicht nur die Suche, sondern auch die Direktansprache, Vorqualifizierung und das Erstgespräch abzugeben. Im Schnitt erhalten Unternehmen so in 4 Wochen durchschnittlich 4-5 wechselwillige Talente, aus denen sie nur die für sie passende Person auswählen können.

Privates Profil oder Unternehmens-Account?

Viele Recruiter:innen aber auch Fachbereiche fragen sich beim Start ins Active Sourcing, wie das nun gehen soll. Das private

XING- oder LinkedIn-Profil wird von einigen wie ein Schatz gehütet und der Wunsch nach einem Unternehmens-Account ist groß. Aber was spricht für das eine und was für das andere?

Im Active Sourcing kommt es auch auf das persönliche Profil der/des Recruiter:in an.

Vertrauen aufbauen

Im Active Sourcing begeben wir uns aktiv auf die Suche nach Kandidat:innen. Die Kandidat:innen kennen uns und unser Unternehmen möglicherweise nicht. Daher ist es unheimlich wichtig einen vertrauensvollen, seriösen Eindruck zu hinterlassen. Das persönliche Profil ist hierfür das ideale Werkzeug, denn es ermöglicht, sich dem Gegenüber nahbar und menschlich zu zeigen, um eine Beziehung aufzubauen. Wer verbirgt sich hinter dem Profil? Schreibt mich da ein Mensch an oder eine Recruiting-Abteilung? Das eigene Profil sollte persönliche Informationen enthalten. Das macht einen vertrauensvolleren Eindruck, ist gut für den Beziehungsaufbau und erhöht die Chance auf eine Rückmeldung.

Bekommen die Kandidat:innen etwas, möchten sie etwas zurückgeben

Im Active Sourcing möchten wir etwas von den Kandidat:innen. Wir möchten Informationen zum aktuellen Karrierestatus und zur Motivation, sowie Einblicke in das persönliche Leben. Wenn wir im Vorwege Informationen über uns selbst und unser Unternehmen auf unserem Profil preisgeben, fällt es vielen Kandidat:innen leichter, auch etwas von sich zu teilen. Dahinter verbirgt sich ein simpler psychologischer Trick: Wenn man etwas bekommt, dann wird man auch schneller etwas zurückgeben. Dies nennt man „Reziprozität“. Das klingt kompliziert, ist es aber gar nicht: Es besagt lediglich, dass Menschen dazu neigen, etwas zurückzugeben, wenn sie von einer anderen Person etwas bekommen. In unserem Fall Informationen über die eigene Person.

Unser eigenes Profil sollte also mit möglichst vielen relevanten Informationen angereichert sein, damit die Kandidat:innen sich ein Bild von ihrem Gegenüber machen können. Persönlicher Werdegang, die eigene Ausbildung, besondere Qualifikationen, ein charmantes Profilbild und auch die Hobbys sind eine gute Möglichkeit den Kandidat:innen gegenüber in Vorleistung zu gehen.

Bessere Antwortraten über persönliche Gemeinsamkeiten

Eine Beziehung entsteht häufig über Gemeinsamkeiten. Gemeinsame Interessen, ein gemeinsamer Wohnort oder dieselbe Universität können beim Active Sourcing eine große Rolle spielen und den Kandidat:innen dabei helfen, eine „Brücke zu uns zu bauen". Wenn wir Gemeinsamkeiten aktiv in die Direktansprache einbauen, kann das einen erheblichen Einfluss auf unsere Antwortrate haben.

Dein Netzwerk ist Deine Kompetenz

Es ist möglich, dass Kandidat:innen Recruiter:innen als kompetenter und seriöser wahrnehmen, wenn diese über ein großes Netzwerk verfügen. Ein Profil mit ausschließlich fünf Kontakten im Active Sourcing kann auch schnell mal als Bot erachtet werden und dann bekommen wir erst recht keine Antwort von den Kandidat:innen. Es ist wichtig sich aktiv zu vernetzen und ein starkes Netzwerk auf XING und LinkedIn aufzubauen. Dies sendet den Kandidat:innen die Botschaft: „Die/der Recruiter:in hat ein großes Netzwerk, kennt viele Leute und kann mir somit auch einfacher einen guten Job organisieren.“ Außerdem spricht ein großes Netzwerk für Erfolge, denn es suggeriert, dass bereits viele andere von den Recruiting-Skills profitieren konnten.

Ein gutes Profil führt zu effizienter Kommunikation

Kandidat:innen entscheiden innerhalb weniger Sekunden, ob sie eine Nachricht lesen oder nicht. Lange und breite Vorstellungen der Recruiter:innen und Begründungen, warum sie jetzt die Kandidat:innen anschreiben, können hier kontraproduktiv sein und die Nachricht unnötig länger machen, als sie sein müsste. Spar Dir diese Informationen im Nachrichtentext und mach sie stattdessen im Profil verfügbar. Die Kandidat:innen können sich somit selbst anschauen, welche Informationen sie interessieren.

Dadurch können wir in der Ansprache schneller zum Punkt kommen, Gemeinsamkeiten aufzeigen und die Beziehung zu den Kandidat:innen aufbauen, indem wir auf das eingehen, was wirklich wichtig ist: Warum die/der Kandidat:in zur Vakanz und zum Unternehmen passt.

Die Unternehmensvorstellung kann auch ins eigene Profil

Jetzt könnte man natürlich entgegnen: „Naja, aber ich schreibe doch für das Unternehmen an. Wenn ich einen separaten Unternehmens-Account anlege, dann kann ich ja viel besser das Unternehmen repräsentieren und die Kandidat:innen können die Verbindung zum Unternehmen herstellen."

Das ist ein toller Punkt und die gute Nachricht ist, dass das im eigenen privaten Profil fast noch besser gelingen kann, indem wir die Informationen des Unternehmens mit unseren eigenen Informationen kombinieren. Wir könnten Bilder von uns und den Recruiting-Kolleg:innen beim letzten Team-Event hochladen, Bilder von uns aktiv bei der Arbeit, Bilder von uns in der Mittagspause, bei tollem Wetter und schönem Ausblick ... Was es auch ist, Bilder eignen sich sehr dazu, zu transportieren, wie es sich anfühlt bei Euch im Unternehmen zu arbeiten.

Am einfachsten gelingt es uns zu verstehen, was im Recruiter:innen-Profil wichtig ist, wenn wir uns in die Situation der Kandidat:innen versetzen. Überlegen wir selbst: Was schauen wir uns an einem Profil an, wenn wir eine Nachricht von einer oder einem Recruiter:in bekommen? Wie prüfen wir, ob diese Person vertrauenswürdig ist und ob es sich lohnt zu antworten? Worauf kommt es an? Wollt ihr lieber von einem Unternehmen oder von einem Menschen angesprochen werden?

Es ist ein tolles Gefühl, wenn die ersten Antworten in dem persönlichen Profil eintrudeln. Es lohnt sich mutig zu sein und sich zu trauen das eigene Profil fürs Active Sourcing zu nutzen. Das schafft Vertrauen, ist seriös und führt zu mehr Erfolg im Active Sourcing. Unternehmens-Accounts wirken in vielen Fällen dagegen leider eher unpersönlich und sehr steril. Damit ist uns bei der Direktansprache häufig leider nicht geholfen.

5 Dinge auf die wir im Active Sourcing achten sollten:

1. Data-Driven-Recruiting versus Individualität

Es gilt eine Beziehung zu einer oder einem Kandidat:in aufzubauen. Was macht diese oder diesen wirklich aus? Womit sprechen wir einen Wechselmotivator an? Wie sprechen wir Kandidat:innen an, ohne direkt auf eine Vakanz einzugehen? Was verbindet mich persönlich mit den Kandidat:innen — fachlich, persönlich, usw. Eine Anleitung zum Aufbau einer persönlichen Beziehung findet sich außerdem im *Exkurs: „Recruiting is like Dating <3"*.

2. Netzwerken

Kandidat:innen einer Branche kennen sich meistens untereinander und sind gut miteinander vernetzt. Auch Kandidat:innen, die aktuell nicht zur Vakanz passen, können uns entweder eine Empfehlung aus ihrem Netzwerk bieten, oder selbst zu einem späteren Zeitpunkt passend für eine andere Vakanz in unserem Unternehmen sein. Vielleicht nicht heute, aber dann eben morgen oder übermorgen. Wir sollten uns also möglichst mit vielen Menschen innerhalb unserer Zielgruppe, sowohl online auf XING/LinkedIn, als auch offline vernetzen, Veranstaltungen besuchen und unseren Markt kennenlernen, um langfristig erfolgreich zu sein.

3. People- bzw. Absagenmanagement betreiben

Die/der Kandidat:in ist wichtig, auch wenn wir ihr/ihm absagen. Wertschätzung ist der Schlüssel zum Kandidat:innenherz. Wie in Punkt 2 können wir hierdurch unser Netzwerk erweitern und beeinflussen, wie zukünftig über uns gesprochen wird. „What goes around comes around" hat selbst Justin Timberlake schon gut erkannt und es ist wichtig, dass wir uns dies bewusst machen.

4. Feedback einholen

Häufig unterscheidet sich die eigene Wahrnehmung von der Fremdwahrnehmung. 86 Prozent der Kandidat:innen wurden im Anschluss an das Bewerbungsverfahren nicht nach Feedback gefragt (Athanas & Wald, 2014). Das sollte sich ändern. Denn durch Feedback können Schwachstellen in Prozessen aufgedeckt, blinde Flecken sichtbar gemacht und die Candidate Experience verbessert werden. Außerdem ist die Bitte um Feedback eine wertschätzende Geste gegenüber unseren Kandidat:innen.

5. Recruiting sollte sichtbar sein / Kolleg:innen in Fachbereichen einbeziehen

Wer weiß am besten, was unsere Zielgruppe bewegt? Unsere Kolleg:innen in den Fachbereichen. Und damit sind nicht die Teamleiter:innen gemeint, sondern die Kolleg:innen, die täglich den Job machen, den wir nun wieder besetzen dürfen. Ansprache-Texte können gemeinsam mit den Fachbereichen formuliert werden. Durch Fragen wie „Was verschafft Dir Freude in Deinem Job?" und „Was sind Herausforderungen, an denen Du in der Aufgabe wächst?" können wir gute Argumente für potenzielle neue Kandidat:innen finden, um sie von uns zu überzeugen.

Die Kolleg:innen im eigenen Unternehmen sollten wissen, was wir im Recruiting tun, um uns mit mit Informationen zu versorgen und unterstützen zu können. Darüber hinaus sollten wir unsere Kolleg:innen in den Fachbereichen schulen, wie sie mit einer Kandidatin oder einem Kandidaten aus dem Active Sourcing umgehen sollten und sensibilisieren, dass es sich nicht um klassische „Bewerber:innen“ handelt.

Die Kandidat:innensuche im New Hiring

Ein gutes Briefing ist die Basis des New Hiring Erfolgs

Um auf der New Hiring Reise mit dem richtigen Werkzeug ausgestattet zu sein, benötigen Recruiter:innen die richtigen Informationen zum Start. Ein gutes Briefing ist hier essenziell. Doch welche Informationen gehören in ein gutes Briefing? Werfen wir einen Blick in die Praxis. Der Aufbau eines hilfreichen Briefings sieht folgendermaßen aus:

Zeitliche Perspektive:

- ✦ Warum ist die Position vakant?
- ✦ Seit wann ist die Stelle zu besetzen?

- Was ist bisher passiert?

- Was hat in der Vergangenheit bei den geführten Gesprächen gefehlt?

Aufgabenbeschreibung: Das Herzstück des Briefings. Hier geht es nicht darum, die Stellenanzeigen abzulesen, sondern auch Hintergrundinformationen zu erhalten. Diese kann wie folgt aussehen:

- Must-Haves: Qualifikationen, die zwingend notwendig sind. Ein Nicht-Vorhandensein ist erfolgskritisch (Beispiel: Ein Customer Service sucht eine Person, welche die Kund:innenbetreuung auf italienisch übernimmt. Die Kandidat:in spricht nur gebrochen italienisch)

- Nice-to-Haves: Qualifikationen, die ein Pluspunkt sind, aber nicht erfolgskritisch (Beispiel: Die Person besitzt bereits Kenntnisse eines Tools, welches im Team jeden Tag im Einsatz ist)

Ausbildungshintergrund: Welche Abschlüsse sind notwendig, um für die Position eingestellt zu werden? Achtung: Dies ist eine häufige Falle, denn einige Hiring Manager:innen bestehen auf bestimmte Abschlüsse, die aber in der Praxis gar nicht notwendig sind. Kritische Nachfragen sind an dieser Stelle besonders wichtig

Sonstige Fähigkeiten und Kompetenzen: Werden bestimmte Systemkenntnisse benötigt? In der Software-Entwicklung können auch diese erfolgskritisch sein.

Perspektiven: Um in der Rolle des/der Verkäufer:in wirken zu können, ist es für die Recruiter:innen wichtig, die Position richtig verkaufen zu können. Dazu gehören insbesondere die Kenntnisse darüber, wie die Zukunft in der jeweiligen Position aussehen kann. Welche Weiterbildungen gibt es und wie kann das Talent sich zukünftig entwickeln?

Einarbeitung: Für viele Talente ist diese Information wichtig, damit sie wissen, wie die ersten aufregenden Wochen in einer neuen Rolle aussehen.

Organisationsstruktur: Ebenfalls wichtig für den Pitch einer Rolle beim Talent ist die Information, wie die Berichtslinien aussehen und wie groß das Team ist. Je detaillierter die Beschreibung der Teamstruktur, desto nahbarer der Einblick ins Unternehmen. Diese Informationen helfen auch dabei, im Anschreiben erfolgreich zu sein.

Ansprechpartner:innen im Bewerbungsprozess

Wie erhalten wir diese Bandbreite an Informationen? Na klar, von den Hiring Manager:innen. Daher ist es besonders wichtig, dass Führungskräfte wöchentliche Terminblocker für die Absprachen mit dem Recruiting-Team setzen.

Wichtig für eine gute Zusammenarbeit ist außerdem eine realistische Aufwandseinschätzung und Erwartungshaltung.

Verschiedene Indikatoren helfen uns dabei, diese Einschätzung zuverlässig zu treffen:

- Ein **QuickCheck** hilft dabei, sich einen ersten Überblick zu verschaffen, wie viele Talente auf einem bestimmten Netzwerk überhaupt zur Verfügung stehen. Beispiel: Wird eine oder ein Software-Entwickler:in mit Java Kenntnissen in Köln gesucht, hilft eine kurze Suche in einem Recruiting Tool. Sind es von Beginn an unter 50 Personen, ist dies ein Indikator dafür, dass der Markt nicht sehr groß ist.

- Die **Betrachtung der aktuellen Bewertungen** auf Arbeitgeber:innenprofilen hilft dabei einzuschätzen, wie die Talente aktuell das Unternehmen und den Bewerbungsprozess wahrnehmen. Eine repräsentative Befragung im Auftrag des Digitalverbands Bitkom ergab, dass 47 Prozent der Internetnutzer:innen sich schon einmal online über Arbeitgeber:innenbewertungen informiert haben, wovon 44 Prozent angeben, dass das ihre Entscheidung für einen Job-Wechsel beeinflusst hat (BITKOM, 2021). Insbesondere in der Personalberatung ist es empfehlenswert, sich vor dem Projektstart die Bewertungsscores anzuschauen.

- **Gehaltsbänder**: Liegen wir mit der Vakanz über oder unter dem aktuellen Durchschnitt der jeweiligen Berufsgruppe? Für mehr als die Hälfte der Arbeitnehmer:innen in DACH spielt das Gehalt weiterhin eine übergeordnete Rolle (Forsa, 2022).

- **Standort & Remote-Work:** An dieser Stelle handelt es sich um einen großen Hebel für die Erfolgswahrscheinlichkeit der Suche. Größere Städte und Einzugsgebiete haben höhere Wahrscheinlichkeiten einer Stellenbesetzung, als kleinere Ortschaften. Die Pandemie hat gezeigt, dass wir hier sehr schnelle Unterschiede im Hiring Erfolg sehen können. Bieten wir z. B. eine Stelle in der Java Software-Entwicklung plötzlich nicht mehr nur am Standort Dortmund sondern deutschlandweit an, schnellen unsere Suchergebnisse in die Höhe.

- **Wechselbereitschaft der jeweiligen Zielgruppe anhand von Daten:** Intelligente Sourcing Software ermöglicht es, dass man bei der Auswahl der Suchergebnisse nach Wechselbereitschaft filtern kann. Diese wird anhand verschiedener Algorithmen der jeweiligen User:innen berechnet. Mit dieser Angabe lässt sich ebenfalls ableiten, wie hoch die Wahrscheinlichkeit einer Stellenbesetzung ist.

Im New Hiring gilt: Recruiter:innen müssen nicht mehr auf ihr Bauchgefühl hören, wenn die Fachabteilung eine klare Timeline zur Besetzungszeit verlangt. Anhand der beschriebenen Indikatoren und der Auswertung von Daten lässt sich klares Erwartungshaltungsmanagement betreiben. Außerdem steigt dadurch das Bewusstsein für die Komplexität einer Suchstrategie.

Erst nach der Einholung aller relevanten Informationen kann eine erfolgreiche Kandidat:innensuche starten.

Häufig werden dafür verschiedene Recruiting Lösungen genutzt, welche z. B. die Kandidat:innensuche über XING und LinkedIn ermöglichen. Diese verwenden bestimmte Algorithmen unter Berücksichtigung der „Boolschen Operatoren“(z. B. AND, OR, +, -).

Einige alternative Impulse zur Durchführung einer Kandidat:innenensuche listen wir an dieser Stelle auf. Die Linksammlung beinhaltet kostenlose Möglichkeiten, um die eigenen Suchskills zu optimieren oder weitere Wege zur Kontaktierung der Talente zu gehen:

- Textalyser.net – Gibt Inspiration für die richtigen Schlagwörter

- Social Talent Source Hub (https://source.socialtalent.com/) – Baut Boolean Suchstrings und zeigt Synonyme auf

- Crystalknows.com — Ad on für LinkedIn
- Meetup.com — Veranstaltungssuche zur Community-Bildung
- Twitter.com — Old but gold. Bietet Zugang zu bestimmten Zielgruppen
- Recruit'em (https://recruitin.net/) — X-ray Search
- Google Trends (https://trends.google.com/) — Abgleich von Suchbegriffen
- Calendly.com — Vereinfachung der Terminplanung

Die Kandidat:innenansprache im New Hiring

Die Kandidat:innenansprache — ein heiß diskutiertes Thema im Active Recruiting. Im New Hiring steht der Mensch im Vordergrund und nicht der Lebenslauf. Wie werden Recruiter:innen also zu Vertrauenspersonen von Talenten?

Von der Stellenbesetzung zur Karriereberatung

Während lange Zeit der Bewerbungsprozess für Talente ein aufwendiger und aufregender Prozess war, bei dem es um den einen Traumjob ging, hat sich das Blatt gewendet. Der Arbeitsmarkt gibt viele Perspektiven her. Die Generationen Y und Z haben nicht mehr das Verlangen nach einer lebenslangen Anstellung bei ein und demselben Unternehmen. Die Möglichkeiten sind groß und damit steigt die Unverbindlichkeit. Recruiter:innen können das nutzen: Statt im Tunnelblick nur für eine feste Vakanz zu suchen, geht es im New Hiring um Nachhaltigkeit.

Talente möchten sich Entscheidungen offen lassen, gehen gedanklich viele Karrierewege und brauchen manchmal einfach ein bisschen Guidance, anstatt zu schnell in einen Prozess geleitet zu werden. Eine Karriereberatung wird schneller in Anspruch genommen als ein offizielles Interview nach dem Erstkontakt.

Für die **Kandidat:innenansprache** kann das zum Beispiel wie folgt aussehen:

„Liebe Ayla, ich habe gesehen, dass du bereits seit fünf Jahren im Brand Marketing arbeitest. Außerdem hast du mehrere Jahre in Portugal gelebt. Wir haben gerade verschiedene Positionen im Marketing-Bereich offen. Mich würde interessieren: Was sind deine Pläne für die Zukunft? In welchen Jobs findest du dich wieder? Und ist Hamburg überhaupt dein Place to be? Gerne möchte ich dir anbieten, dass wir beide uns einmal zusammensetzen, um über deine Zukunftspläne zu sprechen. Vielleicht können wir beide einen Masterplan aufstellen?“

Auf- und Ausbau der Beziehung

In der Kandidat:innenansprache gilt: Jede Rückmeldung ist ein Erfolg. Auch eine Absage. Wenn sich ein Talent die Zeit dafür nimmt, uns mitzuteilen, dass es aktuell kein Interesse hat, dann ist dies ein wertschätzender Schritt. Ein:e Software-Entwickler:in auf XING wird im Durchschnitt fünf mal pro Tag angeschrieben (Schmidt, 2021).

Zeit geben: Die Entscheidung eines Jobwechsels ist eine Entscheidung, die sich auf die Lebenszufriedenheit auswirkt. Niemand möchte zu schnell in etwas hineingedrängt werden ohne dahinterzustehen. Daher sollten Recruiter:innen ihren Talenten Zeit geben. Das bedeutet auch: Recruiter:innen sollten regelmäßig mit ihrer Zielgruppe sprechen, auch wenn gerade keine Vakanz offen oder das Talent nicht interessiert ist. Wertschätzender, regelmäßiger und echter Kontakt sorgt dafür, dass man im Kopf bleibt. Das passiert nicht, wenn wir die Talente nach einer negativen Rückmeldung wie eine heiße Kartoffel fallen lassen und wir uns nie wieder melden.

Zuhören: Wenn ein Talent in der Ansprache ganz klar sagt, was die Zukunftspläne sind und welche Laufbahn die Person nicht einschlagen möchte, dann ist an dieser Stelle die Aufmerksamkeit des/der Recruiter:in gefragt. Wenn trotz eines klaren Neins weiterhin versucht wird, die Stelle zu verkaufen, kann dies schnell Distanz und Missverständnis hervorrufen. An dieser Stelle gilt: Wertschätzen und dranbleiben.

Das kann so aussehen: „Hallo Ayla, vielen Dank für deine schnelle Rückmeldung. Ich finde es spannend, welche Pläne du aktuell hast und dass du dich ganz klar gegen eine Stelle im Brand Marketing entschieden hast. Auch ich habe vor einigen Jahren nochmal in einen ganz anderen Fachbereich gewechselt und verstehe dich gut. Wir haben auch viele offene Stellen im Bereich Sales und Customer Success. Auf den ersten Blick erscheint es mir so, als könnten diese Bereiche besser zu deinen Wünschen passen. Sollen wir einfach mal einen Kaffee trinken gehen und ich erzähle dir mehr davon?“

Der Wirkungsgrad von Remindern: Reminder sind nicht neu, jedoch werden sie unterschätzt. Viele Kandidat:innen melden sich erst im zweiten oder dritten Schritt zurück. Die Recruiter:innen, die hier dranbleiben und wertschätzend erinnern, haben höhere Rückmeldequoten. Natürlich sollte man hier genau entscheiden, an welcher Stelle ein Reminder sinnvoll ist. Drei Erinnerungen in einer Woche können aufdringlich wirken, wohingegen gezielt geplante Erinnerungen erfolgreicher sind. Einige Tools bieten bereits automatisierte Reminder an, welche eine Einheitlichkeit im Recruiting Prozess ermöglichen. Hier noch ein paar Tipps für die Erfassung von Remindern:

- Eine neue Betreffzeile schreiben, um Aufmerksamkeit zu erzeugen
- Variation in der Nachricht: Neue Inhalte zur Stelle und zum Unternehmen können Interesse erzeugen

- ✦ Verschiedene Kontaktwege: Wenn die erste Nachricht mit dem Angebot eines Treffens endete, reagiert das Talent im Reminder vielleicht eher auf ein Telefonat
- ✦ Verständnis statt Schuldzuweisung: Hier punkten die Recruiter:innen, welche empathisch darauf hinweisen, dass sie noch auf eine Rückmeldung warten

Impulse in der Kandidat:innenansprache: Recruiter:innen schreiben teilweise hunderte Nachrichten pro Woche. Hier ist es verständlich, dass die Kreativität an einigen Tagen einfach fehlt. Daher folgen hier ein paar Gedanken für wertschätzende Ansprachetexte:

- ✦ Emotionen über die Branche oder das Unternehmen vermitteln: Was tun die Arbeitgeberin oder der Arbeitgeber bzw. die Kundin oder der Kunde, um Verantwortung zu übernehmen oder die Welt zu verbessern?
- ✦ Unternehmenskultur einbringen: Welche Maßnahmen ergreift das Unternehmen oder die/der Kund:in, um die Kultur zu fördern?
- ✦ Verbindungen herstellen: Wie heißt der Fachbereich, der mit in das Erstgespräch kommt? Wie lautet der Name der Abteilungsleitung, die bereits aufmerksam auf das Profil geworden ist?

- Empathie und Gemeinsamkeit: Was haben Recruiter:in und Talent gemeinsam?

- Zukunftsaussichten und Entwicklung: Welche Wege sind Talente mit einem ähnlichen Hintergrund im Unternehmen gegangen?

- Zitate: Besonders nahbar sind echte Aussagen von bestehenden Mitarbeiter:innen über die Zufriedenheit im Unternehmen.

- Coaching-Fragen zur Perspektiv-Erweiterung: Wenn das Talent ab nächster Woche den Traumjob hättet — wie würde dieser aussehen? Was wäre das Beste, das passieren könnte, wenn Talent und Recruiter:in miteinander sprechen?

Automatisierung versus Individualität: In der schnelllebigen Hiring-Welt stehen Recruiter:innen vor der Herausforderung, die richtige Balance zu finden zwischen individueller Ansprache einerseits und gleichzeitiger Einsparung von Zeit und manuellem Aufwand andererseits. Der Versand von automatisierten Nachrichten und Kampagnen kann ebenfalls erfolgreich sein und wird im Sinne des Fachkräftemangels wichtig. Hat es vor einigen Jahren noch gereicht, dreißig Talente für eine Vakanz zu kontaktierten, sind es es heute teilweise über 200 Nachrichten für eine Stelle.

Automatisierung ist hier ein Faktor, der den Alltag der Recruiter:innen erheblich erleichtern kann. Folgende Regeln sind hierbei zu beachten:

- ✦ Automatisierte Nachrichten verlangen eine perfekte Suche. So laufen wir nicht Gefahr, dass die Nachrichten an Personen gehen, die nicht passen.

- ✦ Storytelling für Nahbarkeit: Wenn es nicht möglich ist, jede Person einzeln zu kontaktieren, dann haben Recruiter:innen die Möglichkeit, durch eigenes Storytelling einen positiven Moment zu erzeugen. So können Nachrichten trotzdem persönlich aufgebaut sein.

Ein **Beispiel** kann hier sein: „Hallo Martin, ich bin Julia und meine Leidenschaft als Recruiterin ist es, jede Person mit einem Unternehmen zu verbinden, wo ich einen »perfect Match« herstellen kann. Mir ist es wichtig, im Arbeitsleben ein Flow Gefühl zu spüren. Das geht bei mir sogar noch darüber hinaus: Ich liebe Wassersport und war erst kürzlich im Sabbatical. Da habe ich wieder gemerkt, wie wichtig mir eine ausgeglichene Work-Life-Balance ist. Kennst du dieses Gefühl?“

Nutzung von automatisierten Rückmeldungen: So wie Recruiter:innen automatisierte Nachrichten verwenden können, kann es auch auf der anderen Seite laufen. Viele Recruiting Tools ermöglichen ein „Quick Reply“. Also die Möglichkeit, mit nur einem Klick zu kennzeichen, ob Interesse besteht oder nicht.

Mit dieser Schnelllebigkeit kann auch in der Nachricht gearbeitet werden:

- „Liebe Ayla, du bist sicher sehr beschäftigt, daher möchte ich dir gar nicht so viel Zeit stehlen. Ich habe gerade eine sehr spannende Position im Brand Marketing zu besetzen. Zuletzt ist vor fünf Jahren jemand aus dem Team gegangen. Die geringe Fluktuation zeigt, dass die Führungskraft hier einiges richtig macht. Hast du Lust auf Details dazu? Dann klick doch gern auf »Bin interessiert«. Ich freue mich drauf!"

Sowohl in der Suche als auch in der Ansprache gilt: Wenn wir uns am Anfang einmalig Zeit nehmen, um durch Nutzung von Daten eine ausgetüftelte Strategie zu entwickeln, sparen wir uns am Ende administrativen Aufwand. So bleibt wieder Zeit für das Wichtigste: Ein aufrichtiges Kennenlernen mit den Talenten.

Ad-hoc Besetzung vs. strategisches Talentpooling

In der Vergangenheit haben wir fast ausschließlich Positionen ad-hoc besetzt. Der Fachbereich sagte uns, welche Position besetzt werden soll, wir haben die Anforderungen aufgenommen und diese Position dann idealerweise besetzt oder auch nicht.

Der zeitliche Druck, Positionen schnell und erfolgreich zu besetzen hat sich in den letzten Jahren immens verstärkt. Aufgrund der Megatrends wird es also immer schwieriger. Der triviale Weg von offener zu besetzter Position funktioniert nicht mehr so, wie wir es gewohnt waren.

Idealerweise bauen wir im New Hiring also bereits Talentpools für zukünftig zu besetzende Vakanzen auf. Dabei ist der Faktor Netzwerk für Recruiter:innen und den Fachbereich essenziell. Wir bauen uns also bereits ein relevantes Netzwerk an Kandidat:innen auf, die wir dann sofort einstellen können, wenn wir den Bedarf haben, anstatt dann erst ad-hoc auf die Suche zu gehen und die Kandidat:innen kennnenlernen zu müssen.

Das XING & LinkedIn Netzwerk als Talentpool

Ein guter Anfang zu einem großen Talentpool kann dabei bereits das eigene Netzwerk auf den Plattformen XING & LinkedIn sein. Je mehr Kontakte wir bereits über einen längeren Zeitraum aufbauen, desto mehr etwas wärmere Ansprachemöglichkeiten haben wir, wenn es konkret wird. Man hat sich vielleicht schon mal ein zwei Nachrichten zugeschickt, in der Timeline sind schon die ein oder anderen Beiträge gelikt oder geteilt worden. Es entsteht ein wenig das Gefühl, als würde man sich bereits kennen. Darüber hinaus können wir auch schon relevante

Positionen oder Employer Branding Inhalte mit unserer Zielgruppe auf persönlichem Wege teilen und austauschen.

Talentpooling als Unternehmensziel

Viele Unternehmen nutzen für Talentpools allerdings bereits Software-Lösungen. In einem ATS System können Kandidat:innenprofile gespeichert werden und somit bei zukünftigen Positionen wieder in Betracht gezogen werden. Wichtig hierbei ist es jedoch, diese nicht zu Karteileichen verkommen zu lassen, sondern das Potenzial aktiv zu heben.

Eine Alternative dazu können Tools wie der TalentpoolManager von XING sein. Dort können aktiv XING Kandidat:innen-Profile in dafür vorgesehenen Pools gespeichert werden. Um dann weiter im Austausch zu bleiben, gibt es eine Kampagnen-Nachrichten-Funktion, mit deren Hilfe beispielsweise wichtige Updates, konkrete Stellen oder einfach Weihnachts- oder Ostergrüße versendet werden können. All dies stärkt den Kontakt- und Beziehungsaufbau mit unserem Unternehmen und natürlich auch mit der Ansprechperson selbst.

Einige Unternehmen nutzen auch klassische Follower-Unternehmensprofile auf Instagram, Facebook, XING, LinkedIn oder ähnlichen Plattformen und senden den Followern Newsletter mit Employer Branding Content zu, um mit ihnen in Kontakt zu bleiben. Natürlich sind hierbei auch Einladungen zu

Veranstaltungen vor Ort ein sehr probates Mittel, um mit potenziellen Kandidat:innen stärker in den Austausch zu treten.

Spannend ist auch, dass Kandidat:innen auf XING auf den Unternehmensprofilen ihrer präferierten Arbeitgeber:innen diese als Wunscharbeitgeber:innen vermerken können. Dadurch landet das eigene Profil automatisch im Talentpool des Unternehmens und die Recruiter:innen können die Kandidat:innen daraufhin bei einer passenden Vakanz direkt ansprechen.

Echte Innovation im Active Sourcing

Jetzt wissen wir alles Relevante über Active Sourcing und werfen einen Blick in die Zukunft.

Einige Unternehmen sind hier schon angekommen. Herzlichen Glückwunsch! Für die anderen gilt es, nachzuziehen und sich weiterzuentwickeln.

- Der **Active Sourcing** Prozess ist massiv zeitaufwendig und manuell. Hier gilt es, sich jeden Schritt einzeln anzuschauen und zu prüfen, inwieweit er automatisierbar ist. Von der Terminbuchung über das Versenden von Remindern, Smart Templating in der Erstansprache bis hin zu Profilerstellung und Kund:innenkommunikation.

- Sit & Wait ist irgendwie nicht so eine gute Option. Das haben wir schon festgestellt. Was richtig gut funktioniert ist, schon in der direkten Ansprache kurze **informelle kurze Vorgespräche** von 20 Minuten per Zoom anzubieten, in denen die Führungskraft die Position beim Talent vorstellt, erste offene Fragen klärt und um den Einstieg in den offiziellen Bewerbungsprozess wirbt.

- Ohne Algorithmen geht es nicht (mehr). Doch wie funktionieren diese eigentlich? Wie arbeitet man als Active Sourcer:in mit diesen, um die bestmögliche Longlist zu erstellen. Eine neue Rolle entsteht: **Die/der KI-Recruiter:in.** Sie/er versteht Algorithmen, entwickelt sie von der Business-Seite mit weiter und kann die digitalen Tools so bedienen, dass die Suchlogik optimal genutzt wird. Das ist dann der Super Heavy Booster des Sourcings.

- Die Verbindung von **Regionalität und Digitalisierung** im Active Sourcing verspricht das Beste aus zwei Welten. Der Arbeitsmarkt funktioniert trotz Pandemie und Mobile Work immer noch hauptsächlich regional. Diese Situation gilt es mit digitalen Werkzeugen zu verzahnen, um effizient die richtigen Talente anzusprechen.

- Wenn man seinem Stromanbieter einem Freund empfiehlt, bekommt man ein iPad. Wenn man seinen Telefonanbieter einer Bekannten empfiehlt, 50 €. Wenn man seine Cousine an eine:n Arbeitgeber:in empfiehlt, bekommt man ... nichts. Und wir meinen das abseits der klassischen internen

Empfehlungsprogramme, wo viele Unternehmen schon nachgeschärft haben und Gutes auf den Weg gebracht haben. Prämien wie Pizza-Abend, Team-Event oder bis zu 5.000 € sind keine Seltenheit mehr. Wie schaffen wir es nun aber, Menschen aus dem persönlichen Netzwerk an eine:n Arbeitgeber:in, bei der/dem man NICHT angestellt ist, zu empfehlen und bei erfolgreicher Einstellung dafür gewürdigt und in irgendeiner Art incentiviert zu werden?

Active Sourcing ist unabdingbare Disziplin im New Hiring und damit zentraler Bestandteil des neuen Verständnisses von Recruiting.

Kapitel 12

Passive Recruiting: Die Stellenanzeige in der digitalen Welt

Morgens nach dem Aufwachen schauen zahlreiche Menschen erst einmal auf das Handy – schließlich kann zwischen Mitternacht und 7 Uhr viel passiert sein. Mit halb offenen Augen werden Nachrichten gecheckt, Instagram, Facebook, WhatsApp u. v. m. Spätestens in der Bahn oder in der ersten Kaffeepause landet der ein oder andere auf beruflichen Online-Netzwerken wie XING oder LinkedIn. Und da ist sie: die Stellenanzeige, die auf Basis des Mitglieder-Profils eingespielt wird.

Jetzt geht es um Sekunden: Klickt die Person auf die vorgeschlagene Anzeige oder ignoriert sie diese einfach? Natürlich muss ein gewisser Antrieb zu einem Jobwechsel vorhanden sein, damit das Interesse geweckt wird. Aber selbst, wenn dieses nicht vorhanden ist, könnte eine attraktive Anzeige für Aufmerksamkeit sorgen. Schließlich ist bekannt, dass die Wechselwilligkeit aktuell äußerst hoch ist, selbst wenn man im Job zufrieden ist. Für den Menschen ist es nur allzu natürlich, sich stets verbessern zu wollen.

An dieser Stelle zeigt sich, ob das Employer Branding erfolgreich ist oder nicht: Denn dieses macht aus der Stellenanzeige einen Eye Catcher – vergleichbar mit dem Schaufenster im Einkaufszentrum, welches ebenfalls für viele Besucher:innen den ersten Kontakt darstellt.

Ist der erste Schritt getan und die oder der Interessent:in ist von der Beschreibung angetan, geht es im Optimalfall weiter zur

Karriereseite, zu dem Unternehmensprofil auf kununu, XING oder LinkedIn. Denn schließlich möchte die/der Interessent:in erfahren, was die/der Arbeitgeber:in zu bieten hat. Die Neugierde ist geweckt!

Entgegen der landläufigen Meinung, ist die Stellenanzeige also keineswegs tot. Im New Hiring ist sie gar quicklebendig. Denn dank mannigfaltiger neuer Funktionen kann eines der ältesten Recruiting-Tools genau die Fragen beantworten, die heutige JobInteressent:innen haben.

Regelmäßig prüfen: Sind die eigenen Stellenanzeigen noch zeitgemäß formuliert und gestaltet?

Die Hauptaufgabe einer Anzeige ist natürlich die Ansprache und Attraktion von möglichst passenden Kandidat:innen für die offene Position. Standardmäßig muss diese Informationen über das Unternehmen, die Aufgabe, die Anforderungen, die Vorteile und den oder die Ansprechpartner:in beinhalten. Darüber hinaus sind Gehaltsangaben, Videos und Bilder ratsam.

Im Zuge der aktuellen Entwicklungen ist es für jedes Unternehmen wichtig, sich Formulierungen der Stellenanzeigen genau anzuschauen. Nicht selten werden Textpassagen aus alten Bewerbungen wiederverwendet, die kaum mehr zeitgemäß sind. Der Klamottenladen würde – um beim erwähnten Bild des Einkaufscenters zu bleiben – spätestens im Spätsommer beginnen, die Bademode durch die Herbstkollektion zu ersetzen. Ansonsten laufen die Passant:innen einfach zu dem Laden, der ihre Bedürfnisse nach Wärme erfüllt.

Auch Stellenanzeigen dürfen gerne auf den Prüfstand gestellt werden. Sie haben – vor allem auch weil sie in schöner Regelmäßigkeit veröffentlicht werden – somit einen spannenden Nebeneffekt: Sie zwingen Unternehmen dazu, sämtliche Texte, Videos und Bilder zu prüfen und anzupassen. Gewissermaßen dienen sie somit als konstanter Reminder und interner Treiber für die Etablierung des New Hiring Gedankens.

Denn für gewöhnlich wird das Formulieren und die Ausgestaltung einer Anzeige als eine lästig empfundene Aufgabe gesehen. Um den heutigen Herausforderungen zeitgemäß zu begegnen, ist es allerdings schlichtweg nötig, dass sich Fachabteilung, Führungskraft und HR ernsthaft Gedanken machen:

- Was genau sind die zentralen Aufgaben in der gesuchten Rolle?

- Wie konkret wollen wir diese formulieren? Was lässt man vielleicht auch mal besser weg, um niemanden zu verschrecken?

- Was bieten wir an, damit sich die oder der potenzielle neue Mitarbeiter:in wohlfühlen kann bei uns?

Das sind genau die Fragen, deren Beantwortung Zeit benötigt. Zeit, die sinnvoll eingesetzt wird, denn am Ende führt diese Übung nämlich nicht zur Klarheit nur für die/den Kandidat:in, sondern auch für interne Einigung: Über die Formulierung der Anforderungen an die Rolle werden die Profile in der Diskussion zwischen Fachbereich und Recruiting geschärft und weiterentwickelt.

Der Inhalt ist ausschlaggebend

Die Stellenanzeige darf kein Wunschzettel des Unternehmens sein, sondern muss der gegenwärtigen Situation angepasst sein. Ein paar Tipps:

- In der Stellenanzeige sollten sich konkrete Must-Haves wiederfinden, ohne die der Job nicht ausgeführt werden kann. Hier sollte die/der Arbeitgeber:in sich jedoch auf maximal drei beschränken. Die restlichen Anforderungen sollten optional sein, um möglichst keine Talente schon von Beginn an auszuschließen.

- Stichwort: Diversity. Texte, Bilder und Videos sollten die Unternehmenswerte widerspiegeln, um alle potenziellen Zielgruppen auch wirklich abzuholen.
- Benefits sind wichtig: Was bietet die/der Arbeitgeber:in im Gegenzug für die Leistung? Die Benefits müssen zielgruppenorientiert, werthaltig und attraktiv sein – und natürlich ehrlich. Flexible Arbeitszeiten sind mittlerweile ein Muss. Näheres zu diesem wichtigen Aspekt findet sich in *Kapitel 5: „New Plus: Benefits im New Hiring*“.
- Transparenz und ein Blick hinter die Kulissen sollten auch hier nicht fehlen: Auf XING werden ebenso wie bei Google for Jobs Informationen von der Arbeitgeber:innenbewertungsplattform kununu abgebildet.

Gute Stellenanzeigen wollen gesehen werden: Die besten Verbreitungswege

Die gut gemachte Stellenanzeige ist nicht nur einfach eine Reklame für einen Job, sie ist richtig guter und wertvoller Content. Für die/den Recruiter:in, das Unternehmen und natürlich für den Menschen, der sie durchliest. Und guter Content verdient es, gesehen zu werden.

Im ersten Schritt müssen die Anzeigen auf den unternehmenseigenen Kanälen platziert werden. Damit die Seiten gefunden werden, sollten diese für Suchmaschinen wie Google optimiert sein. Hier helfen die Kolleg:innen, die sich mit SEO auskennen. Sie können die Karriereseite mit den Stellenanzeigen technisch so gestalten, dass sie beispielsweise auch für Google for Jobs auffind- und lesbar sind.

Mit den richtigen Kniffs können die Stellenanzeigen darüber hinaus auch von anderen Webseiten, wie etwa Jobsuchmaschinen, entdeckt, ausgelesen und publiziert werden. Auf diese Weise erhöht sich die Reichweite um ein Vielfaches.

Nicht zu vergessen sind natürlich auch interne Karriereportale. Oft werden diese vernachlässigt, dabei haben Mitarbeiter:innen für gewöhnlich wertvolle Tipps und können Empfehlungen aussprechen. Hierbei ist es wichtig, dass Führungskräfte ihre Teams dazu motivieren, aktiv Empfehlungen auszusprechen. Wie das funktioniert, erläutert das *Kapitel 6: „New Leadership: Die neue Rolle der Führungskraft“*.

Die externe Verbreitung erfolgt dann im zweiten Schritt über die großen Plattformen wie Stepstone, dem Stellenmarkt von XING, LinkedIn Jobs, der Bundesagentur für Arbeit oder auch indeed. Über Multiposting-Systeme, die auch häufig in

Bewerber:innenmanagement-Tools wie Prescreen oder Personio integriert sind, ist es auch möglich, viele kleine, oft kostenfreie Portale auszuwählen. So kann die Stellenanzeige schnell auf über hundert Plattformen geschaltet werden. Einen Versuch ist es immer wert.

Die gut gemachte Stellenanzeige eignet sich ebenso für die Schaltung auf den großen Social Media Plattformen wie LinkedIn, XING, Facebook, Instagram oder auch TikTok. Wichtig ist es hier, die unterschiedlichen Dynamiken und Funktionen der Plattformen zu kennen. Weil etwas auf XING funktioniert, heißt es noch lange nicht, dass TikTok- oder Instagram-Nutzer:innen darauf anspringen. Letztere erfordern teilbare, attraktive, kreative Stories – wichtig ist es aber auch hier, authentisch zu bleiben.

Für die Verbreitung auf XING und LinkedIn wird die Kreation kleiner Geschichten rund um die offene Stelle empfohlen. Das macht das Teilen, Liken und Verbreiten einfacher und attraktiv. Das kann zum Beispiel die Beschreibung des Teams sein, Videos aus dem Alltagsleben im Büro oder auch ein Interview mit der Führungskraft.

Natürlich hat auch die Stellenanzeige eine Funktion im Personalmarketing

Die Stellenanzeige hat natürlich nicht nur auf die unmittelbar interessierten Kandidat:innen eine Wirkung, sondern auch im Personalmarketing. Denn: Auch Menschen, die nicht direkt einen Job suchen, sehen die Anzeige und erhalten einen Eindruck vom Unternehmen. Die wohl größte Aufmerksamkeit erzeugt übrigens oft die Angabe des Gehalts. Da spielt der Neidfaktor dem Unternehmen in die Karten.

Im Grunde genommen ist jede Stellenanzeige somit eine Art Werbeanzeige für das Unternehmen, die sich verhältnismäßig günstig in den passenden Zielgruppen-Medien verbreiten lässt. Betrachter:innen erhalten quasi nebenbei potenziell spannende Infos zum Unternehmen, die positiv auf das Image der Firma abstrahlen können: Beispielsweise die Eröffnung eines neuen Standorts, die Erhöhung der Mitarbeiter:innenzahl oder ungewöhnliche Benefits.

Im Umkehrschluss bedeutet dies auch, dass Stellenanzeigen, die kaum Bewerbungen an Land gezogen haben, eine Wirkung erzielen können — auch wenn diese nicht unmittelbar zum Erfolg geführt haben.

Data-Driven Job Posting: Was die Digitalisierung so alles möglich macht

40.000 € für eine Anzeige in der großen Tageszeitung. Der Nutzen? Schwierig zu sagen. Die Frage nach dem konkreten, in Zahlen ausgedrückten Mehrwert, ist ein großer Treiber von Stellenanzeigen. Und immer noch akzeptieren viele Unternehmen, für Stellenanzeigen viel Geld auf den Tisch zu legen, ohne dafür von den Anbieter:innen valide und eindeutige Ergebnisse in Zahlen zu erhalten.

Im New Hiring liegt der Fokus deswegen in der digitalen Welt. Hier werden drei essenzielle Vorteile von Data-Driven Job Postings, also der Online-Schaltung, vorgestellt:

- **Prediction**: Wie erfolgreich wird meine geplante Anzeige? Verschiedene Anbieter:innen haben die Technologie, eine Schätzung zu erstellen — noch bevor die Anzeige online geht. Das spart Zeit und Geld.

- **Social Signals:** Wer besucht wann meine Anzeige und was passiert danach? Diese Daten, sogenannte Social Signals, sind höchst wertvoll für die weitere Steuerung der Recruiting Strategie, das organisationale Lernen und die Analyse. Recruiter:innen können über XING gar einsehen, welche Mitglieder ihre Stellenanzeigen angesehen haben und entsprechend reagieren.

- **Outcome:** Zu jeder Zeit können Unternehmen sehen, wie viele Klicks, Leads und Bewerbungen erfolgt sind — dies sind Datenpunkte, mit denen HR und die Fachabteilungen wichtige Erkenntnisse erzielen können. So lässt sich etwa herausfinden, ob die Kanäle richtig gewählt sind und ob eine Verlängerung oder — im besten Falle — eine Deaktivierung der Anzeige von Nöten ist.

Kapitel 13

Operating System: Neue Technologien und Tools

New Hiring ist das symbiotische Dreieck aus Technologie, Data und Humankompetenz. Keine der Achsen funktioniert alleine, nur im Zusammenspiel ergeben sie ein gutes Erlebnis. In diesem Kapitel geht es um zweierlei: Technologie-Disziplinen, die im New Hiring helfen und Tools, in denen diese Technologie Anwendung findet.

Technologie wird eingesetzt, um schneller und produktiver zu werden sowie die richtigen Talente zur richtigen Zeit zu finden, zu begeistern und durch die Prozesse zu führen. Natürlich! Technologie ermöglicht aber auch eine Erfahrung, die den Kandidat:innen keine unnötigen Hürden in den Weg stellt und vielleicht sogar Freude bereitet. Damit ist der Technologie-Einsatz sogar schon ein Teil des Employer Brandings und ein Vorgeschmack darauf, was man als Mensch in der Organisation wohl erwarten dürfte. Hier kompliziert, veraltet und intransparent zu agieren, ist ein Kardinalfehler im New Hiring.

Die Digitalisierung verändert damit natürlich auch das Profil der Recruiter:innen hin zu New Hiring Manager:innen, die Daten interpretieren können, Algorithmen zumindest zu bedienen verstehen und eine technologische Grundausbildung haben, z. B. zu semantischen Suchstrings. Der neuen Rolle der Recruiter:innen widmet sich *Kapitel 7: „New Recruitment: Die neue Rolle der Recruiter:innen“*.

Technologie, die uns hilft

Das Mooresche Gesetz besagt, dass sich die Geschwindigkeit und Leistungsfähigkeit von Computern alle zwei Jahre verdoppelt, weil die Zahl der Transistoren, die ein Mikrochip enthalten kann, steigt. Dadurch sinken die Preise in diesem Segment kontinuierlich, wodurch es sich in viel mehr Feldern lohnt, Technologie einzusetzen. Dies führt zu einer extremen Beschleunigung der Weiterentwicklung und Innovationskraft in Hard- und Software. In den folgenden Bullet Points geben wir einen kurzen nicht umfassenden Überblick der zentralen relevanten Technologien im New Hiring:

- **Mobile Web:** Auf der Erde nutzen 3,6 Milliarden Menschen ein Smartphone. Dazu kommen 230 Millionen Tablets und weitere viele Millionen Laptops. Die Mobilisierung der digitalen Welt ist vollzogen. Dies eröffnet im New Hiring vielfältige Möglichkeiten und verpflichtet gleichzeitig jede:n Akteur:in, sich konsequent auf die Kommunikation über mobile digitale Werkzeuge zu fokussieren.

- **Cloud Computing**: Cloud Computing, häufig auch als „die Cloud" bezeichnet, ist die Bereitstellung von IT-Ressourcen — von Anwendungen bis hin zu Rechenzentren — und ihre Nutzung nach flexiblen Bezahlmodellen. Anstatt sie in unternehmenseigenen Rechenzentren zu betreiben, sind diese bedarfsorientiert und skalierbar in Form eines dienstleistungsbasierten Geschäftsmodells über das

Internet oder ein Intranet verfügbar. Diese Art der Bereitstellung führt zu einer Industrialisierung von IT-Ressourcen (Gabler Wirtschaftslexikon, 2018). Im New Hiring hilft uns das, digital Lösungen zu skalieren, mobil zu nutzen und die entstehenden Daten zu verwenden.

- Die **Künstliche Intelligenz (KI)** ist ein Teilgebiet der Informatik, das sich mit der Automatisierung von intelligentem Verhalten und maschinellem Lernen beschäftigt. Mit der künstlichen Intelligenz wird versucht, menschliches Denken mithilfe selbstlernender Computer-Programme zu simulieren. Ein für Anwendungen wichtiger Teilaspekt ist die Mustererkennung: Mit der Entwicklung neuronaler Netze und maschinellem Lernen können komplexe Eingangsdaten innerhalb von Sekunden mit antrainierten Merkmalen abgeglichen und klassifiziert werden.

- Unter **Automatisierung im Recruiting** wird verstanden, standardisierte Handlungen an digitale Tools auszulagern. An den richtigen Stellen eingesetzt, können Automatisierungslösungen Prozesse beschleunigen und die Candidate Journey optimieren.

- **CV-Parsing** (=Syntaxanalyse) ermöglicht das automatische Speichern von Inhalten aus Lebensläufen. HR-Verantwortliche müssen nicht mehr den gesamten Lebenslauf durchlesen, Wichtiges wird gefiltert und

Recruiter:innen können mit Keywords nach relevanten Inhalten suchen.

- API (**Application Programming Interface**): ist eine Programmierschnittstelle, um mit einem Dienst zu interagieren. Bsp.: Man möchte sich auf Airbnb registrieren und nutzt dafür die bereits bestehenden Daten von sich auf Facebook. API Open Web ist eine öffentlich zugängliche API, die allen Programmierer:innen zur Nutzung zur Verfügung steht.

Tools, in denen wir die Technologie zu unserem Vorteil einsetzen

- **Applicant Tracking System** (ATS) oder auf deutsch Bewerber:innenmanagementsystem ist das Rückgrat von New Hiring. Mit solchen Systemen steuern Unternehmen transparent die Recruiting Prozesse, haben einen Überblick über Status und Pipeline sowie Kommunikation und Daten von Kandidat:innen. Sie sind entscheidend für die Generierung von Erkenntnissen aus Datenpunkten für die eigene HR-Strategie. Mit ihnen laufen Hiring-Prozesse konform mit der DSGVO (Datenschutz-Grundverordnung). Lücken im Prozess, wie z. B. fehlendes Feedback an Bewerber:innen werden transparent und damit steuerbar. Ohne ein gut aufgesetztes funktionales ATS kann New

Hiring nicht wirklich funktionieren. Bekannte Systeme sind beispielsweise Recruitee, Softgarden, Personio oder Prescreen.

- **Programmatic Job Advertising** (PJA) ist die Übersetzung von programmatischer digitaler Vermarktung von Inhalt aus dem E-Commerce in den Jobmarkt. Als Unternehmen nimmt man Content (= die Stellenanzeige), definiert eine Zielgruppe (=Talent) und spielt über die großen Plattformen wie Google, Social Networks, Meta Jobboards und Affilliate Netzwerke Werbung aus. Ziel ist, das Interesse von Talenten am Angebot des Unternehmens zu generieren und sie zu einem Kauf (= Bewerbung) zu animieren. Diesen Prozess misst man über Impression, Klicks, Cost-per-Click sowie Abschluss bzw. Cost-per-Lead. Um dieses Werkzeug zu benutzen, gibt es die beiden Optionen „Make or Buy" – entweder also die Beauftragung von Anbietern:innen wie Joveo, vonq oder Jobspreader oder der Aufbau von eigenen Kapazitäten im Online Marketing.

- **The Science of Data.** Künstliche Intelligenz und die prozessuale Verarbeitung großer Datenmengen ermöglichen vielfältige Möglichkeiten im Recruiting. Insbesondere wenn in einem Unternehmen nicht nur einzelne sondern viele Vakanzen zu besetzen sind. Die Recruiter:innen im New Hiring haben also die Chance und auch das Job Enrichment, aus Daten Erkenntnisse für die eigene Arbeit, die Bewertung von Erfolgsaussichten und die richtige Wahl der Mittel zu extrahieren. Nehmen wir an, die Fachabteilung beauftragt die/den Recruiter:in, eine:n Marketing Manager:in in Düsseldorf zu besetzen. Die/der Recruiter:in kann dann durch den Zugriff auf Datenpunkte in seinen Systemen herauslesen, wie hoch die Besetzungswahrscheinlichkeit in welcher Zeit zu welchen Kosten ist. Ebenso ist leicht so leicht zu sehen, ob man an den Anforderungen, dem Arbeitsort oder den Rahmenbedingungen noch Veränderungen vornehmen muss. Zu dieser Art der Datenanalyse dienen TalentRadar, Google Network, die eigenen Analytics Systeme wie Tableau oder zum Start vielleicht auch einfach nur Excel.

- Algorithmen, regelbasierte Software und die Handhabung von großen Datenmengen ermöglichen ausgefeilte und schnelle **Sourcing Software**, um gezielt die großen Plattformen und Netzwerke wie XING, Google oder LinkedIn zu durchsuchen. Damit ist Active Sourcing für jedes Unternehmen erst möglich. Die beiden Platzhirsche sind der TalentManager von XING und der LinkedIn Recruiter. In Active Sourcing Teams werden je nach Zielgruppe eines der beiden, meistens tatsächlich beide Sourcing Tools eingesetzt. Im New Hiring ist Active Sourcing ein zentraler Baustein jeder Recruiting Strategie. Ausführlich behandelt wird dies in *Kapitel 11: „Constant Contact: Die Bedeutung des Active Sourcing*“.

- **Matching Software und Recommender Maschinen.** Alleine die beiden Business Plattformen XING und LinkedIn vereinen in Deutschland 38 Millionen digitale Profile, auf denen Menschen ihre Daten zu Karriere, Skills, Ausbildung und vielem mehr zur Verfügung stellen. Was für ein Schatz! Die Daten liegen strukturiert vor und können mit den Anforderungen von Unternehmen aus Stellenanzeigen oder Briefings gematcht werden. Je mehr Datenpunkte einbezogen werden, desto schneller lernt die Software. Je schneller die Software lernt, desto besser wird sie und damit auch das Ergebnis für beide Zielgruppen des Marktplatzes. Diesen Wettkampf werden die großen Player:innen unter sich entscheiden. Wenn die Recommender Maschinen vor einigen Jahren noch keine guten Ergebnisse gestellt haben und auch mal einer/einem Manager:in eine Werkstudent:innenstelle angezeigt haben, weil sie in der gesuchten Stadt angeboten wurde, sind die Maschinen mittlerweile richtig gut geworden. Zudem haben Menschen gelernt, die Algorithmen mit den richtigen Daten zu füttern, also z. B. Skills nicht in Satzform bunt und blumig in Profile zu schreiben, sondern in die dafür vorgesehenen Felder einzutragen und damit auswertbar zu machen. Gute Recommender sind die Zukunft. Nicht nur beim Googlen, beim Essen gehen oder beim Online Dating, sondern auch und gerade im New Hiring.

✦ Wie kommuniziert man am besten mit Kandidat:innen? Und über welchen Kanal? Hier den Überblick zu behalten, ist nicht so einfach. Ständig gibt es neue Wege und Möglichkeiten. Eine **Always-on-Welt** mit E-Mail, Telefon, WhatsApp, Social Media und vielen weiteren Optionen bringt eine gewisse Komplexität mit sich. In einer idealen Welt ist es natürlich am besten, immer über den Kanal, der für das Talent am besten passt, zu kommunizieren. Das geht aber nicht immer, z. B. aus Gründen des Datenschutzes, eines begrenzten Daten-Managements und natürlich sinkender Produktivität bei den Recruiter:innen, die zu viele Wege parallel steuern müssen. Ein Weg aus dem Kommunikations-Dickicht kann die Fokussierung auf 2-3 Kanäle sein, z. B. ATS-Chat, E-Mail und VC (Video

Conferencing). Es funktioniert, wenn man dies klar und transparent über Stellenanzeige, Ansprache oder Website kommuniziert, und macht es einfach, sich auf beiden Seiten auf den Prozess einzustellen.

- Spracherkennung, Auswertung von Selfie-Videos zu bestimmten Fragestellungen, Kulturtests und Matchings, Intelligenztests und kognitive Prüfungen. Die Anzahl gerade der digitalen Werkzeuge, die wahre Wunder in der **Diagnostik** versprechen, steigt gefühlt wöchentlich. Manches funktioniert, manches (noch) nicht. Klar ist, dass es angebracht ist, die Passung zwischen Unternehmen und Talent nicht nur der menschlichen Fehlbarkeit mit all ihren Bias zu überlassen. Unserer Erfahrung nach ist die langfristig erfolgreichste Option, sich als Unternehmen auf die kulturelle und emotionale Passung zu fokussieren und dafür die für den eigenen Markt und Situation passenden Werkzeuge auszuwählen. Achtung: Das Ausfüllen von intimen Fragebögen, Intelligenztests oder Persönlichkeitsprofilen ist immer eine Hürde für Menschen. Zu viel davon, nicht transparent kommuniziert oder schlampiger Umgang führen ganz schnell zum Abbruch und Frustration auf beiden Seiten.

- Nichts geht mehr ohne **Video Conferencing** im New Hiring. Warum? Weil es funktioniert, Menschen und Unternehmen zusammenzubringen, ohne dass sie sich live gegenüber sitzen müssen. Das haben wir während der Corona-

Pandemie gelernt und verstanden. Werkzeuge wie MS Teams, Zoom oder der TalentManager von XING mit Video-Tool sind also unabdingbare Investitionen in New Hiring Tech. Natürlich gibt es Berufsfelder oder auch örtlich gebundene Aufgaben, in denen es nach wie vor sinnvoll ist, Prozesse komplett analog zu führen. Beide Wege wird es weiter geben. Kandidat:innen die Möglichkeit nicht zu geben, sich im ersten Schritt einfach vorzustellen und erste Eindrücke zum Job zu erhalten, ist ein echter Wettbewerbsnachteil. Auch steigert der Einsatz von Video-Tools die Produktivität der Recruiter:innen in Interview-Situationen erheblich. New Hiring Recruiter:innen brauchen die Medien-Kompetenz, diagnostische und vertriebliche Gespräche über Video am Computer oder auch dem Mobile Device zu führen.

- **Robotik Process Automation (RPA)** verwendet regelbasierte digitale Systeme, die auf repetitive, manuelle, zeitintensive oder fehleranfällige Prozesse und Tätigkeiten angewendet werden. Diese Systeme, sogenannte Bots, erlernen diese Tätigkeiten und können sie dann automatisiert anwenden. Ein gutes und sehr praktisches Beispiel sind Kalender-Tools, über die sich Talente direkt einen Kennenlern-Termin (aka Interview) buchen können und dann über automatisierte Nachrichten mit der/dem Hiring Manager:in kommunizieren. Die Erfahrung zeigt, dass hier signifikant Zeit für Abstimmungen eingespart werden kann. Ein weiterer wertvoller Aspekt: Die Response Rate auf Nachrichten, in denen das Talent selbstbestimmt einen Zeitslot buchen kann, ist höher als in Nachrichten ohne diese Option. So geht Candidate Centricity.

Drum prüfe, wer sich lange bindet. Eine 3-stufige Empfehlung

- ✦ Digitale Werkzeuge sind nur so gut, wie die Menschen ausgebildet sind, die sie verwenden. Die Interpretation durch technisch ausgebildete Recruiter:innen ist ein wichtiger Erfolgsfaktor beim Einsatz neuer Technologie. Hier folgt man am besten dem Grundsatz: **Digitale Transformation ist nicht der reine Roll-Out von Technologie, sondern das veränderte Verhalten von Menschen auf Basis von neuer Technologie.**

- ✦ Die Kosten von Tools wollen gut kalkuliert sein. Hier lohnt sich ein Angebotsvergleich, gegebenenfalls sogar eine Beratung um das wirklich passende Werkzeug zu finden.

- ✦ Nicht überall, wo KI drauf steht, steckt auch KI drin. Es ist schon sehr angesagt (und auch einfach machbar), Künstliche Intelligenz auf eine Website zu schreiben. Sie allerdings zu bauen, ist langwierig, kostspielig und bedarf richtig guter Software-Entwickler:innen. Fragen nach Basis-

Technologie, Neuronalen Netzen, Struktur der Algorithmen sowie eine technische Due Diligence sollten erfolgen.

Im New Hiring wird Technologie als Enabler ganz selbstverständlich eingesetzt, um die Ziele der eigenen Organisation zu erreichen. Es geht darum

- transparent und datenbasiert zu entscheiden
- die Time-to-Hire zu reduzieren
- Prozesse zu beschleunigen
- die richtigen Gespräche zu führen
- und mehr Fokus auf die relevante Mensch-zu-Mensch-Interaktion zu legen.

Viele dieser Aspekte sind sehr technisch und sehr komplex, deshalb wurde hier versucht, sie so klar wie möglich auf den Punkt zu bringen, um ein Grundverständnis herzustellen. Dieser Bereich kann somit auch als Nachschlagewerk für Tech-Begriffe im New Hiring genutzt werden.

Kapitel 14

Measurements: KPIs und Daten

Wie kann man Key Performance Indicators (KPIs), also Leistungskennzahlen, im Recruiting effizient einsetzen? Und warum zahlt es sich aus, in diesem sehr zwischenmenschlichen Prozess auch auf Zahlen und nicht nur auf das Bauchgefühl zu hören?

Unternehmen investieren viel Zeit und Geld ins Recruiting, um sich als Top-Arbeitgeber:innen zu präsentieren und die richtigen Mitarbeiter:innen zu bekommen. Aber woher weiß man, dass sich diese Investitionen auch lohnen? Die Antwort findet man in den KPIs. Und tatsächlich geben rund 70 Prozent der Unternehmen an, mit KPIs in der HR zu arbeiten (Forsa, 2018). Mit ihrer Hilfe können Personaler:innen genau prüfen, ob sie Ziele erreichen, können Abweichungen früh erkennen und zielgerichtet Trends aufspüren und Maßnahmen auswählen.

Spielend leicht Bewerber:innen- und Datenmanagement verbessern

Dennoch hapert es in vielen Firmen an der Umsetzung. 63 Prozent der befragten Unternehmen geben an, keine passende Software-Lösung für die Einführung und Umsetzung des Trackings der Prozesse zu haben. Die Hälfte aller befragten Unternehmen (51 Prozent) sagte außerdem, dass die Zeit für das Tracking fehle. Und 41 Prozent sagten aus, dass die statistische Kompetenz fehle (Trend Report, 2020). Dabei ist gut zu wissen: Ein gutes Bewerber:innenmanagement-Tool lohnt sich, denn es macht das Tracking vollständig selbst und man kann spielend leicht Bewerber:innen- und Datenmanagement verbessern.

Die passenden KPIs für ein Unternehmen

Welche KPIs für ein Unternehmen am besten geeignet sind, hängt vor allem von den zur Verfügung stehenden finanziellen und zeitlichen Ressourcen, aber auch von dem gesteckten Unternehmensziel ab. Für welche Variante auch immer man sich entscheidet: Es empfiehlt sich, nur so viele Daten zu erheben, wie man regelmäßig messen und auch auswerten kann. In manchen Firmen ist Über-Reporting ein Problem. Konkrete Fragen, die das Reporting beantworten soll, sind eine gute Grundlage. Betonung auf konkret: *„Ist das Recruiting besser geworden?“* eignet sich eher nicht.

Diese KPIs sollten gemessen werden

- **Reach, Engagement, Abschluss:** 3 klassische Kennzahlen aus dem Online Marketing haben es schon seit einiger Zeit auch ins Recruiting geschafft. Gerade in Disziplinen wie PJA (Programmatic Job Advertising), Social Media Werbung oder digitalen Stellenanzeigen braucht es den Dreiklang aus

- Reach: Wie viele Menschen habe ich eigentlich mit meiner Vermarktung erreicht?

- Engagement: Wie viele dieser Menschen haben mit meinem Content, meiner Stellenanzeige, meiner Werbung interagiert?

- Abschlüsse: Wie viele Bewerbungen bzw. sehr konkrete Signals of Interest habe ich erhalten?

✦ Mit der **Time-to-Shortlist** misst man die Zeit in Tagen von Auftragseingang bis zur Lieferung einer ersten Shortlist passender Kandidat:innen. Im Bestfall passen alle Kandidat:innen auf die offene Vakanz, sind wechselwillig und verfügbar. Im nächsten Schritt geht es dann in (digitale) Eignungsdiagnostik, Interviews und Einstellung.

Tipp: Wenn man das Glück hat, direkt jemanden von der Shortlist einzustellen, kann es dennoch Sinn machen, die anderen Kandidat:innen weiter im Prozess zu behalten und vielleicht direkt noch jemanden an Bord zu holen. So geht New Hiring.

- Die Kennzahl **„Time-to-Hire“** ist wohl DIE Kennzahl im Recruiting. Diese steht für die Zeit, die benötigt wird, um eine Vakanz zu füllen. Generell benötigen Personaler:innen immer länger, um freie Positionen zu besetzen. Manche schaffen es gar nicht. Das Ergebnis einer Studie zeigt: Gut drei Viertel der 200 befragten Personalleiter:innen geben an, dass sie bis zu einem halben Jahr benötigen, um eine Führungsposition zu besetzen. 73 Prozent der Befragten verzeichnen in den letzten fünf Jahren einen Anstieg der Time-to-Hire. Etwa ebenso viele gehen davon aus, dass sich dieser Trend in den kommenden fünf Jahren fortsetzen wird. Eine höhere Besetzungszeit verzeichnen Unternehmen insbesondere bei IT-Fachkräften (68 Prozent) sowie bei Ingenieuren und technischen Berufen (62 Prozent) (XING E-Recruiting, 2018).

- Natürlich müssen die **„Cost-per-Hire“** gemessen werden. Über diese Kennziffer bildet man in erster Linie die direkten Kosten ab, die bei einer Einstellung entstehen, also beispielsweise bei der Schaltung von Stellenanzeigen, Personalberater:innen, Active Sourcing oder Social Media Werbung. In zweiter Instanz werden dann die indirekten Kosten aus HR und Recruiting auf die zu besetzenden Vakanzen verteilt und in Overheadkosten (=Gemeinkosten) umgerechnet. Daraus ergibt sich ein realistisches Bild. Noch einen Schritt weiter gehen, würde dann bedeuten, die entgangene Wertschöpfung durch offene und nicht besetzte Positionen einzubeziehen. Keine ganz einfache

Rechnung, aber machbar — entweder über Umsatz, den z. B. Vertriebsmitarbeiter:innen erzielen können oder auch über die multiplizierte Hochrechnung des ausgelobten Gehaltes für die offene Position.

Alternativ lassen sich auch die **Kosten für eine unbesetzte Stelle** berechnen, hier am Beispiel einer/eines Teamleiter:in:

- Verdienst 80.000 € / Jahr bei 222 Arbeitstagen jährlich.

Das Unternehmen bewertet diese Position auf einer Skala von 1 (nicht so relevant für den Unternehmenserfolg) bis 3 (sehr relevant) mit 3.

Die resultierende Gleichung lautet dann:

- 80.000 € x Faktor 3 : 220 Arbeitstage = 1090,91 € am Tag

Eine unbesetzte Teamleiter:innen-Stelle kostet ein Unternehmen somit 1090 € am Tag.

- Im New Hiring ist die Candidate Experience ein zentrales Prinzip. Natürlich sind auch hier Anekdoten relevant und wertvoll. Dennoch: Die wahrgenommene Erfahrung der Kandidat:innen zu messen, gibt das echte Bild. Dies zu messen und auch gleichzeitig einfach zu halten, geht am besten mit dem **Net Promoter Score (NPS)**. Hier wird über die Frage nach der Weiterempfehlungsbereitschaft der Kandidat:innen auf einer Skala von 0-10 über 3 Ebenen (Detraktoren, Neutrale und Promotoren) die Zufriedenheit der Kandidat:innen abgefragt. Besonders schön: Das NPS ist nicht anonym, es kann also im Prozessschritt „Closing-the-Loop" qualitatives Feedback eingeholt werden, von dem man lernen kann, um den Prozess weiterzuentwickeln.

Lohnt sich der ganze Aufwand eigentlich?

Die sogenannte Data Literacy, also den bewussten und wertschöpfenden Umgang mit Daten, aufzubauen, ist keine einfache Übung. Das braucht Zeit, Ressourcen und Fokus. Im New Hiring geht es nicht ohne. Im Gegenteil: Die Vorteile eines Messsystems der zentralen KPIs hilft beim Fokussieren auf die richtigen Dinge, der Positionierung der eigenen Erfolge intern und extern und am wichtigsten: Das Messsystem wird helfen, die Candidate Experience zu verbessern, und wird damit ein zentraler Baustein für den Erfolg der eigenen Unternehmung.

Data-Driven Recruiting Vision in einer New Hiring Welt

Ein Bild sagt mehr als 1000 Worte. Diese Grafik stellt unsere Data Vision dar. Wie sieht eure aus?

Level-Up: OKRs im Recruiting

Was haben Google, Adobe, Amazon, Zalando, OTTO und Mercedes gemeinsam? All diese Unternehmen nutzen sogenannte OKRs (Objectives and Key Results). OKRs sind eine agile Methode zur Steuerung von Unternehmen und zwar DIE Methode, die Google erfolgreich gemacht hat. Sie soll Fokus, Transparenz und Kommunikation fördern. Aber wie läuft das?

Wie lauten die Spielregeln?

Bei OKRs unterscheidet man zwischen Objectives und Key Results.

Man kann sich das Ganze bildlich wie in einem Videospiel vorstellen: Die Key Results sind die Level, die ich unlocken muss, um das Spiel, das Objective, zu gewinnen. Es werden einem Unternehmensziel (Objective) eine Reihe von Schlüsselergebnissen (Key Results) zugeordnet. Diese sind untergeordnete Ziele, die zur Erreichung des großen Ziels führen: Die „großen" Unternehmensziele sind also von den individuellen Zielen der Mitarbeiter:innen abhängig.

Der Prozess der Zieldefinition findet quartalsweise statt. Dabei werden Ziele kritisch hinterfragt, Ressourcen geprüft und messbare Zieldefinitionen vereinbart. Am Ende tragen alle, egal ob Director oder Junior, ihre Ziele in ein Tool ein. Dort wird der

Zielerreichungsgrad für alle sichtbar dokumentiert und regelmäßig geupdated.

Was bringen OKRs?

Ein Vorteil der OKR-Methode ist, dass der Zielfindungsprozess die operativen Ebenen miteinbezieht, sich alle mit den strategischen Zielen befassen und ganz genau wissen, wie sie zum Unternehmenserfolg beitragen.

Wer kennt nicht das Gefühl am Ende eines Tages: Man hatte einen total ereignisreichen Tag, weißt aber gar nicht, was man heute geschafft hat? Eventuell sogar über Wochen und Monate hinweg? In heutigen Zeiten ist unsere Arbeit häufig nie richtig beendet. Wir können immer weiter an Themen arbeiten und wir tun es auch. Das macht es schwer Fortschritte zu identifizieren und Erfolge zu feiern.

Durch die Messbarkeit der Ziele machen OKRs Fortschritte für einen großen Adressat:innenkreis unmittelbar sichtbar und treiben die Motivation in die Höhe. Außerdem schafft die Methode Transparenz im Hinblick auf die Kernziele des Unternehmens und einen gemeinsamen Fokus. So können Ressourcen optimal genutzt werden.

Warum sollten OKRs auch ins Recruiting einziehen?

OKRs werden in vielen Unternehmen inzwischen ganzheitlich genutzt. Auch im Recruiting können wir von der Steuerungsmethode profitieren. Recruiting befindet sich derzeit im Wandel. New Work, Fachkräftemangel, ein stärkerer Fokus auf Active Sourcing und Employer Branding oder sogar Reverse Recruiting, bei dem sich Unternehmen beim Kandidaten bewerben ... Recruitingprozesse in Unternehmen verändern sich und werden immer komplexer. Kreativität und Strategie sind gefragt, damit Recruiting in den Köpfen des Managements nicht lediglich ein Kostenfaktor bleibt und der Beitrag zum Unternehmenserfolg sichtbar gemacht wird.

OKRs bieten einen Rahmen, um in Zeiten großer Veränderung gemeinsam an einem Strang zu ziehen, Austausch zu fördern und alle Beteiligten in den Zielfindungsprozess zu integrieren. Die Messbarkeit der Key Results ist ein eindeutiger Indikator für Effizienz und kann uns so dabei helfen, die vielversprechendsten Maßnahmen direkt zu identifizieren.

Wie definiere ich messbare Key Results fürs Recruiting?

Bei Messbarkeit geht es nicht nur um die klassischen KPIs wie z. B. Time-To-Hire, Cost-of-Vacancy oder Cost-per-Hire.

Objectives können z. B. auch eine „offene Feedbackkultur“ umfassen. Da bringen uns die klassischen KPIs in den Key Results auch nicht weiter. Nachfolgend ein paar Beispiele, um die Bandbreite von OKRs im Recruiting aufzuzeigen:

Beispiel Objective: Offene Developer:innen-Positionen besetzen

KR1: **5 Informationsveranstaltungen** an Universitäten mit Informatik-Schwerpunkt
KR2: Mit Kampagne auf XING, LinkedIn, Facebook, Instagram **10 Bewerbungen** generieren
KR3: **10 Interviews** über Honeypot oder Stackoverflow vereinbaren
KR4: Entwicklung einer internen Kampagne zur **Steigerung der Empfehlungs-Bewerber:innen-Rate um 10Prozent**

Beispiel Objective: Entwicklung einer offenen Kollaborationskultur

KR1: **Einführung** eines Mitarbeiter:innen-Feedbacktools
KR2: **Durchführung** einer cross-funktionalen Fuckup-Night für alle Mitarbeiter:innen
KR3: **Einführung** von 6-monatig stattfindendem 360-Grad Leadership-Feedback für alle Führungskräfte

Die Messbarkeit ergibt sich entweder direkt aus den Zahlen der Key Results oder aber durch einen prozentualen Fortschritt anhand vordefinierter Meilensteine. Ein Beispiel:

Beispiel Key Result: 10 Interviews über Honeypot oder Stackoverflow vereinbaren:

Hier ist es ganz einfach: Wöchentlich wird in das OKR-Tool eingetragen, wie viele Interviews bisher über diese Kanäle vereinbart wurden.
Bei 5 Interviews steht der Zielerreichungsgrad dann bei 50 Prozent.

Beispiel Key Result: Einführung eines Mitarbeiter:innen-Feedbacktools:

In diesem Fall ist es mit der Messbarkeit nicht ganz so eindeutig und wir brauchen Milestones. Diese sollten realistisch eingeschätzt und abgestimmt werden. Für die Einführung eines Tools könnten z. B. Milestones sein:
10 Prozent Recherche & Vergleich von Tools
20 Prozent Vorstellung Ergebnisse vor Stakeholder:innen und Einigung
30 Prozent Budgetfreigabe / Finalisierung Vertrag
50 Prozent Setup des Tools
70 Prozent interne Kommunikation des Tools
100 Prozent Launch des Tools

OKRs können dabei helfen, in einem sich schnell verändernden Umfeld den Überblick zu bewahren, kollektiv an einem Strang zu ziehen und Effizienz in Unternehmen zu steigern. Dabei können auch Recruiting und Employer Branding von OKRs profitieren.

Kapitel 15

Praxis-Tipps für die New Hiring Reise

Standortbestimmung: Wo stehe ich im New Hiring?

Mit einer Standortbestimmung wird man sich darüber bewusst, wo man aktuell im New Hiring steht. Wir beziehen uns hierbei noch einmal auf die Prinzipien von New Hiring:

Mut — Augenhöhe — Authentizität — Kreativität — Chancengleichheit

Eine New Hiring Standortbestimmung kann folgende Punkte beinhalten:

Rollenklärung

Hier geht es darum, das interne Mindset zu extrahieren. In dieser Phase ist es besonders empfehlenswert, interne Befürworter:innen zu finden, die sich gemeinsam für New Hiring stark machen. Folgende Fragen helfen bei der Standortbestimmung:

- Welche Personen nehmen aktuell am Hiring Prozess teil?

- Wie ist es den teilnehmenden Personen in den letzten Monaten ergangen? Wie haben sich die neuen Bedingungen im Recruiting bemerkbar gemacht?

- Wer hat bereits ein Bewusstsein für New Hiring erlangt und bei wem wird der Change Prozess vermutlich mehr Zeit in Anspruch nehmen?

Erfassung des aktuellen Bedarfs in der Organisationsstruktur

Es ist wichtig, zu ermitteln, in welchen Abteilungen in den kommenden Monaten besonders großer Bedarf im Recruiting besteht. Beispiele:

- Welche Standorte haben akuten Recruiting-Bedarf?

- Welche Fachbereiche können aktuell nicht ihre Aufgaben erledigen, weil Personal fehlt?

- Gibt es Änderungen in der Organisation, die Auswirkungen auf einen erhöhten Personalbedarf haben?

Konkrete To-dos in der Umstellung auf New Hiring

New Hiring ist die Zukunft. Damit andere mitziehen, braucht es Glaubwürdigkeit. Deshalb ist es wichtig, schnell erste Erfolge zu erzielen. Hier gilt die Faustregel: Lieber kleine Schritte erfolgreich umsetzen als zu lange über große Veränderungen nachzudenken.

Erste To-dos in Bezug auf die genannten New Hiring Prinzipien können so aussehen:

- Verschiebung von Must-Haves und Nice-to-Haves: Es muss klar sein, welche Kriterien ein Talent zwingend erfüllen muss, um dem Fachbereich unnötige Arbeit abzunehmen. Ebenso soll aber auch geklärt sein, welche Kriterien nicht unbedingt notwendig sind, um den Job erfolgreich zu machen. Vielleicht kann auch ein:e Quereinsteiger:in ohne jegliche Vorkenntnisse sich zum Diamanten entwickeln — getreu dem Motto „Mut zur Lücke“ oder neudeutsch „Hire for Potential“.

- Weg von „Das passt nicht zu uns“ hin zu „Probieren geht über studieren“: Im Recruiting wird es Zeit, mal das eine oder andere kreative Risiko einzugehen. Womöglich wäre es eine Idee, lang bestehende Benefits aus der Stellenanzeige zu nehmen und sie durch etwas neues zu ersetzen — etwa durch ein knackiges Zitat einer/eines Mitarbeiter:in. Oder wäre es nicht sympathisch, das nüchterne Bürobild durch einen Schnappschuss von Lumi, der beliebten Bürohündin, zu ersetzen? Passt nicht immer, sorgt aber definitiv für Aufmerksamkeit. Diese Sachen können ohne viel Absprache ausprobiert werden. Am Ende zählt das Ergebnis — mit mehr Klicks auf der Karriereseite oder höheren Kandidat:innenzahlen ist eine Debatte schnell ausdiskutiert.

Meilensteine und Ziele

Um während der New Hiring Umstellung motiviert zu bleiben, geben vorab definierte Ziele Orientierung. Diese Ziele gilt es mit allen beteiligten Personen des Recruiting-Prozesses abzustimmen. Hier ein paar Ideen:

- Steigerung der Einstellungsrate 50+ durch die Ausblendung von Foto und Geburtsdatum auf Lebensläufen.
- Diversity als Ziel im Fachbereich: Einstellungsrate von 25 beispielsweise Prozent weiblicher Talente in Führungspositionen.
- Service-Level-Agreements mit dem Fachbereich: Erfolgt keine Rückmeldung des Fachbereiches auf Bewerbungen innerhalb von 5 Tagen, wird die Vakanz herunterpriorisiert.

Mindset Booster für schwierige Change-Gespräche: Ein Fragenkatalog

Innerhalb des Change-Prozesses hin zu New Hiring wird es sicherlich immer wieder Widerstände geben. Das ist normal und darauf kann sich jede:r einstellen. Mögen die Argumente noch so klar erscheinen, es wird Personen geben, die noch nicht bereit sind oder der Veränderung kritisch gegenüber stehen. Der folgende Fragenkatalog kann dabei helfen, Blockaden aufzudecken und zum Umdenken anzuregen:

1. **Empathie sorgt für Offenheit beim Gegenüber**
   - Was liegt den Kritiker:innen am Herzen?
   - Was sind gefühlte Werte?
   - Was soll bewirkt oder bewahrt werden?
   - Welche Ängste, Befürchtungen und Sorgen gibt es?
   - Wie wirkt sich der Change auf die Rolle der zweifelnden Person aus?
   - Worin bestehen Chancen für die Person?

2. **Bereits etablierte New Hiring Prozesse reflektieren:**
   Im Recruiting-Alltag gibt es oftmals schon Maßnahmen, die mit New Hiring zu tun haben, auch wenn sie nicht auf den ersten Blick erkennbar sind: beispielsweise eine interne Beförderung, die zunächst aufgrund vermeintlich fehlender Qualifikation kritisch beäugt wurde, sich aber am Ende bezahlt gemacht hat. Positive Erlebnisse wie diese hervorzuholen, können dabei helfen, das Verständnis für New Hiring zu stärken:

   - ✦ Welche positiven Ereignisse sind in der letzten Zeit im Hiring-Prozess geschehen?

   - ✦ Welche neuen Prozesse haben zu dem Erfolg geführt? Hätten diese überhaupt mit den gewohnten Methoden erreicht werden können?

3. **Perspektivwechsel: Verschlimmerungsfragen**
   Sind die Kritiker:innen schwer zu knacken, können Verschlimmerungsfragen einen Perspektivwechsel erzwingen:

   - ✦ Was müssten wir tun, damit das Problem der geringen Bewerber:innen- und Einstellungsquote bleibt?

   - ✦ Wofür wäre es gut, unsere aktuellen Probleme im Hiring zu behalten?

- Was könnte die Hiring Manager:innen in der aktuellen Situation noch unglücklicher machen?
- Wie können wir unsere Mitarbeiter:innen davon überzeugen, die/den eigene:n Arbeitgeber:in nicht weiterzuempfehlen?
- Wie können wir die Time-to-Hire weiter in die Länge ziehen?

Zugegeben: Diese Coaching-Fragen im Change Prozess sind provokant. Manchmal sind sie aber augenöffnend und schlichtweg nötig. Change kostet Kraft. Noch viel mehr kostet jedoch eine unbesetzte Stelle. Zur Erinnerung: Im Durchschnitt sind das 1.000 € pro Tag!

Nachhaltiges Recruiting: Erste Schritte für langfristigen Erfolg

Die Rolle der Recruiter:innen ist anspruchsvoll und kostet Zeit und Energie. Daher ist es umso wichtiger, dass sie ihre Zeit richtig investieren. Im Tagesgeschäft fällt häufig gar nicht auf, was die anderen Personen im Team aktuell machen. So entsteht womöglich Doppelarbeit. Ebenso werden wichtige Lerneffekte nicht geteilt. Das kann besser klappen!

1. Synergien

Bestimmte Recruiting Tools, z. B. im Active Recruiting, ermöglichen die gemeinsame Arbeit im Team. So ist es etwa möglich, gemeinsame Talentpools zu nutzen oder bereits erfolgte Kommunikationen mit Talenten transparent nachzuvollziehen.

Folgendes Beispiel soll verdeutlichen, wie viel Potenzial hinter gut genutzten Synergien im Recruiting stecken: In dieser Geschichte steht eine Recruiting-Dienstleistungsfirma im Mittelpunkt, die viele Projekte im Finance-Bereich betreut. Um Synergien zu heben, nutzt die Firma einen Talent-Pool speziell für Finance-Stellen.

Beispiel: Erfolgreiche Nutzung eines Talent-Pools

Recruiterin A findet ein vielversprechendes Finance Talent für einen Automobilhersteller und kontaktiert dieses. Es stellt sich jedoch schnell heraus, dass das Talent kein Interesse an einer Tätigkeit in der Automobilbranche hat. Auch wenn es nicht klappt, nimmt sie das Talent in den Pool auf und versieht dieses mit einer kleinen Notiz.

Recruiter B sucht ebenfalls nach einem Finance Talent – und zwar für ein Modeunternehmen. Bevor er sich neu auf die Suche begibt, öffnet er den Finance Pool. Dank der kurzen Notiz seiner Kollegin sieht er, dass das Talent aktuell Interesse hat, es jedoch an der Branche scheiterte. Er nimmt den Ball auf und stellt die freie Position in der Fashion Branche vor. Das Talent hat direkt Interesse und geht ins Interview mit dem Kunden.

Dieses Beispiel mag im ersten Augenblick nach einer Selbstverständlichkeit klingen, jedoch sieht die Realität oft anders aus. Insbesondere sehr große Recruiting-Teams neigen dazu, nebeneinander herzuarbeiten statt untereinander Bescheid zu wissen, was gerade im Team los ist.

Eine einfache Lösung für große Teams sind Stand-Ups: In wöchentlichen Kurzmeetings können die Teams über ihre aktuellen Stellen und den dazugehörigen Stand berichten. So können potenzielle Synergien direkt erkannt werden. Gleichzeitig ist es so möglich, besonders gute Prozesse hervorzuheben und voneinander zu lernen.

2. Werteversprechen

Im digitalen Zeitalter lassen wir uns von Sternen, Ratings und verlässlichen Daten beeinflussen, wenn wir eine Entscheidung treffen. Ähnliches gilt für das Recruiting. Wir wirken vertrauensvoll, wenn wir unseren Anspruch an unsere eigene Arbeit oder die Rückmeldung von Dritten kommunizieren. Für die verschiedenen Recruiting Disziplinen können Quick Wins wie folgt aussehen:

- Stellenanzeigen: New Hiring Recruiter:innen kommunizieren in ihren Stellenanzeigen aktiv ihre Werteversprechen. Diese könnten z. B. lauten:
    - Wir melden uns innerhalb von sieben Tagen beim Bewerbenden zurück.
    - Wir geben spätestens 48 Stunden nach dem Interview ein erstes Feedback.
    - Wir versenden innerhalb von sieben Tagen nach einer Zusage den Vertrag.

Recruiting-Teams, die Informationen zu verschiedenen KPIs veröffentlichen, machen einen großen Unterschied aus und entwickeln bessere Ergebnisse bei der Time-to-Hire und Cost-per-Hire. Eine Studie von Softgarden (2020) hat ergeben, dass eine Karriereseite mit Werteversprechen von 74,4 Prozent der

Bewerber:innen angeklickt wird. Ohne diese Informationen wird die ansonsten identische Karrierewebsite nur von 25,6 Prozent aufgerufen.

Und auch im Active Recruiting gibt es Maßnahmen, wie man die Rückmeldequote steigert. So haben wir in unserer Arbeit signifikante Veränderungen der Rückmeldequote in der eigenen Positionierung gemerkt, wenn wir uns in den Nachrichten nicht als Recruiter:innen, sondern als Karriereberater:innen vorstellen. Ziel war es nicht, direkt zu vermitteln, sondern das Talent für verschiedene Entwicklungsoptionen kennenzulernen. Das Angebot einer individuellen Profilberatung hat das Angebot unsererseits komplett gemacht und wurde von den Talenten dankend angenommen.

3. Feedback

Feedback im New Hiring findet sich auf vielen Beziehungsebenen wieder:

- **Feedback zwischen Recruiter:in und Hiring Manager:in:**
  Beide Parteien neigen dazu, sich gegenseitig die Schuld in die Schuhe zu schieben, wenn der Hiring-Prozess nicht gut läuft. Das kostet Nerven und bringt niemanden voran. Das gegenseitige Aufsetzen von Service-Level-Agreements hilft, eine klare Erwartungshaltung zu schaffen. So kann Feedback konstruktiv gegeben werden und an definierten

KPIs festgemacht werden (z. B. Feedback innerhalb von 7 Tagen).

- **Feedback zwischen Hiring Manager:in und Geschäftsführung:**
  Hiring Manager:innen und Fachbereiche sind dafür verantwortlich, dass ihre Mitarbeiter:innen produktiv sind und das Geschäft wachsen kann. Das ist im Sinne der Geschäftsführung. Bleibt die Stelle unbesetzt, kostet dies das Unternehmen jeden Tag eine beträchtliche Geldsumme (1.000 € pro Tag im Durchschnitt). Die/der Hiring Manager:in sollte sich hier als Partner:in des Recruiting-Teams sehen und die Dringlichkeit der Stellenbesetzung bei der Geschäftsführung platzieren. Nur wenn alle beteiligten Parteien an einem Strang ziehen, kann z. B. auch genügend Budget geschaffen werden, um moderne Recruiting Tools zu nutzen und die Recruiting-Teams angemessen zu belohnen.

- **Feedback zwischen Recruiter:in und Geschäftsführung:**
  Recruiter:innen sind die Rockstars des Unternehmens und haben eine immens große Verantwortung für den Fortbestand des Unternehmens. In wichtigen Meetings können sie daher nicht fehlen. Sie sollten ebenso Führungskräfte in die Verantwortung ziehen und der Geschäftsführung ihren Stellenwert im Unternehmensgefüge verdeutlichen. Die Recruiting-

Teamleitung schafft es nicht, einen Management-Termin zu den aktuellen Geschäftszahlen selbst wahrzunehmen? Dann geht eben ein Mitglied des Teams in das Meeting. Mutig sein ist die Devise! Schließlich ist es für die Geschäftsführung äußerst spannend und wichtig, neben strategischen Inhalten zu erfahren, wie es in der operativen Welt vorangeht. Wenn Recuiter:innen Fortschritte mit Zahlen untermauern können, wird dies sicherlich wertschätzend von der Geschäftsführung anerkannt werden.
Von nichts kommt nichts: Auch die Geschäftsführung muss ihren Teil erledigen. Recruiting bedeutet Zukunft und Erfolg. Ohne Recruiting können Aufträge nicht abgewickelt werden. Sprich es müssen Budgets investiert werden, um mit einer gehörigen Portion Offenheit neue Methoden ausprobieren zu können. Am Ende wird sich an den Umsatzzahlen zeigen, dass diese Maßnahmen Früchte tragen.

- **Feedback zwischen Recruiter:in und Talent:**
  Candidate Experience und Candidate Centricity – beide Begriffe sind im Verlaufe des Buches detailliert erläutert worden. Hierzu ist es notwendig, offenes Feedback zu geben und Feedback einzuholen. In beiden Fällen gilt: Je konkreter, desto besser.
  Im rasanten Arbeitsalltag des Recruitings fehlt es oftmals an Zeit, sich das Feedback proaktiv in Form eines Gesprächs einzuholen. Hier gibt es einfache Lösungen:

Kostenlose Fragetools wie z. B. Easy-Feedback können automatisiert an Talente aus dem Active und Passive Recruiting verschickt werden. So kann das gesamte Recruiting-Team durch wenige Klicks kollektives Feedback einholen und in gemeinsamen Team-Workshops darüber sprechen, welche Prozesse bereits gut laufen und wo eine Verbesserung notwendig ist.

- **Feedback zwischen Fachbereich und Talent:** Im Old Hiring überlässt der Fachbereich die gesamte Kommunikation den Recruiter:innen. Ist das Gespräch einmal geführt und der Vertrag unterschrieben, findet der nächste Kontakt am ersten Arbeitstag statt. Das Talent schwebt in dieser Zeit in einer Phase der Ungewissheit, wenn von der zukünftigen Abteilung nichts kommt. Ein einfacher Weg ist ein wöchentlicher Terminblocker, der an die Beziehungspflege mit zukünftigen Mitarbeiter:innen erinnert. So sollten Fachbereiche Kontaktanfragen an zukünftige Kolleg:innen verschicken und vor dem ersten Arbeitstag eine detaillierte Nachricht mit allen nötigen Informationen für das neue Teammitglied verschicken. Fachbereiche, die viel einstellen, können sich einmalig eine einladende Nachricht überlegen und diese an alle Neuankömmlinge verschicken.
  Wenn es nicht zu einer Einstellung kommt, gilt im Sinne der Nachhaltigkeit: Wiedersehen macht Freude – und führt vielleicht schließlich auch zum Erfolg. Daher empfehlen wir den Hiring Manager:innen (und den Recruiter:innen), auch

Kontaktanfragen an die Talente zu schicken, die nicht eingestellt werden. So wächst das Netzwerk automatisch und die Personal Brand wird gestärkt.

- **Feedback zwischen Talent und Geschäftsführung:** Im New Hiring weiß die Geschäftsführung über wichtige Themen, wie z. B. über das Pre-Onboarding Bescheid. In Unternehmen, die sich dem New Hiring verschrieben haben, übernimmt die Geschäftsführung in den ersten Wochen einen Teil der Onboarding Sessions und hält z. B. einen Workshop über die Unternehmenswerte. Das stärkt das Commitment und zeigt Nahbarkeit.

Der New Hiring Stundenplan: Wertvolle Zeit sinnvoll investieren

Innerhalb des Old Hirings haben Recruiter:innen einen großen Teil ihrer Zeit eine administrative Rolle gehabt: Sie sind Verwalter:innen, die reagieren und steuern, sobald verschiedene Parteien auf sie zugehen. Stellenanzeigen werden getextet und auf verschiedenen Portalen veröffentlicht. Bewerbungen werden gescreent und auf Vollständigkeit geprüft, fehlende Unterlagen werden angefragt. Interviews werden koordiniert und durchgeführt. Hier herrscht Routine statt Kreativität.

Im Verlaufe des Buches wurde beschrieben, wie moderne Tools Zeitersparnisse ermöglichen können: Durch Matching Tools und automatische Buchungstools für Terminvereinbarungen wird Zeit im Bereich des Screenings und der Koordination gespart.

Eine weitere Möglichkeit für die Zeiteinsparung ist der Einsatz von Auszubildenden und Werkstudent:innen sowie Praktikant:innen. Der Bereich des Recruitings ist für viele Berufsanfanger:innen spannend und gleichzeitig können Nachwuchskräfte für das Recruiting begeistert werden. Folgende Aufgaben sind interessant und gut geeignet, um Personen zügig mit dem Recruiting vertraut zu machen:

- Auswertung von Feedback-Bögen der Kandidat:innen
- Schaltung von Stellenanzeigen
- Vorbereitendes Reporting über die aktuellen Recruiting-Kennzahlen

Im Zentrum einer typischen Arbeitswoche der New Hiring Recruiter:innen steht die Kommunikation mit Talenten. Hier geht es nicht nur darum, die richtigen Fragen zu stellen, sondern auch um gutes Zuhören — und dafür sollte man sich Zeit nehmen.

Motivation im New Hiring Change: Quick Wins für Führungskräfte im Recruiting

In Zeiten des New Hirings und einer komplexen Arbeitswelt wird es auch immer schwieriger, die Stellen in den eigenen Recruiting-Teams zu besetzen. Umso wichtiger ist es, dass Führungskräfte im Recruiting jederzeit die Motivation ihres eigenen Teams im Hinterkopf behalten. Über folgende Ideen sollten sich Führungskräfte Gedanken machen:

Führungsrolle im Recruiting setzt Interesse an Menschen voraus

Klingt banal, ist aber elementar. Es ist wichtig, sich Zeit für die Recruiting-Teams zu nehmen und in Erfahrung zu bringen, was die Teams brauchen, um ihre Arbeit zur Zufriedenheit aller erledigen zu können. Reicht das Budget aus? Wären Weiterbildungen sinnvoll für das Team oder einzelne Mitglieder? Am Ende ist eine Investition ins Recruiting eine für den erfolgreichen Fortbestand des Unternehmens.

Tipp: Um Herausforderungen und Chancen zu erkennen, ist die regelmäßige Erhebung von Team-Umfragen empfehlenswert. Auch hier gibt es kostenlose Tools, wie z. B. Mentimeter. Alle vier Wochen kann so die Team-Stimmung abgefragt werden. Im Anschluss sollten konkrete To-dos zur Verbesserung entstehen und mit dem Team abgesprochen werden.

Team fachlich und persönlich fördern

Teams funktionieren, wenn auch individuelle Präferenzen erkannt und unterstützt werden: Von wo aus möchten die Mitglieder arbeiten? Wann sie sind am besten erreichbar — und über welchen Kanal? Jedes Mitglied und jedes Team hat seinen und ihren eigenen Rhythmus. Diese gilt es zu beachten, um den maximalen Erfolg zu erzielen. Und wenn jemand nachmittags zwei Stunden Sport benötigt, um leistungsfähig zu bleiben, kann auch das ein Vorteil sein, schließlich sind auch die Talente für neue Offerten empfänglicher, wenn man sie nicht mitten während der Arbeitszeit erwischt, sondern früh morgens oder zum Feierabend.

Ebenfalls wichtig sind individuelle Entwicklungspläne. New Hiring Recruiter:innen nehmen in der Regel sechs verschiedene Rollen ein. Diese können sich im Team unterschiedlich verteilen. Während die eine Person sich lieber auf Vertrieb spezialisiert, findet jemand anderes sich in einer coachenden Rolle wieder. Hier ist es sinnvoll, gemeinsam Zusatzaufgaben zu finden, welche auf die individuellen Stärken der Personen ausgerichtet sind. Mehr zu den verschiedenen Rollen im New Hiring Recruiting findet man in *Kapitel 7: „New Recruitment: Die neue Rolle der Recruiter:innen“*.

Gemeinsam realistische Teamziele entwickeln

Im Rahmen des New Hirings ist es motivierend, Meilensteine zu erreichen und zu wissen, in welche Richtung die Reise geht. Führungskräfte im Recruiting können New Hiring Teams mit smarten Zielen motivieren. Da ein Wir-Gefühl mit der Zufriedenheit im Berufsleben stark korreliert, machen Team-Ziele Sinn. Hier eignet sich eine Kombination aus qualitativen und quantitativen Zielen. Anhand unseres eigenen Beispiels wird deutlich, wie sich ein New Hiring Team jedes Quartal weiterentwickeln kann.

Beispiel: Der TalentService von XING arbeitet mit Quartalszielen. Die gemeinsam entwickelte Team-Mission lautet, das beste Recruiting-Team der DACH-Region zu werden. Ambitioniert und vielleicht etwas abgehoben, aber am Ende geht es um die Motivation.

Die Quartalsziele sahen in der Vergangenheit z. B. folgendermaßen aus:

- Das Recruiting-Team betreut in dem Quartal 140 Stellen und bringt dabei mindestens vier Talente in den Interview-Prozess.
- Die Motivation im Team muss stimmen. Auf einer Skala von 1-5 ist mindestens eine 4 zu erreichen. Zur Ermittlung dient ein Umfrage-Tool.
- Jede Person im Team entwickelt eine neue Ansprachestrategie, misst den Erfolg in zwei Stellen und teilt die Erkenntnisse mit dem Team. Dieses Ziel hat u. a. dazu geführt, dass es mittlerweile ein eigenes internes Handbuch gibt, das jederzeit neue Inspiration für kreative Ansprachetexte liefert und auch neue Kolleg:innen befähigt, Wow-Momente auf dem Talentmarkt zu kreieren.

Erfolge feiern

Gutes Recruiting spart Geld für das Unternehmen und bringt es im selben Atemzug voran. Das ist ein Riesenerfolg, den es zu feiern gilt! Auch wenn es manchmal nur kleine Etappensiege sind, ist es unheimlich wichtig, innezuhalten und sich klarzumachen, dass das, was man tut, sinnvoll und richtig ist. Durch das Engagement der Recruiter:innen erzeugen sie Freude in den Fachbereichen und bei den Talenten. Führungskräfte und Recruiter:innen sollten dies zum Anlass nehmen, feste Termine zu planen, in denen es ausschließlich darum geht, Erfolge zu feiern.

Das ist ganz einfach: Zum Start werden Feedbacks von Talenten, Fachbereichen und internen Schnittstellen eingesammelt. Im Anschluss schaut man sich gemeinsam an, was erreicht wurde. Lob nicht vergessen! Das ist nicht nur maximale Wertschätzung, sondern sorgt für Motivation und Zusammenhalt im Team.

Dieses Feedback kann auch gerne an die Geschäftsleitung weitergeleitet werden: Es kann nicht oft genug gesagt werden, wie wertvoll die Aufgabe eines New Hiring Recruiting Teams ist.

Last but not least gilt für alle Beteiligten im New Hiring: Nehmt euch Zeit dem Gegenüber zuzuhören — und zwar so lange, bis gemeinsame Lösungen gefunden sind. Für ein besseres Recruiting. Für eine effizientere Zusammenarbeit. Für ein noch glücklicheres Arbeitsleben.

Ausblick: New Hiring als strategischer Erfolgsfaktor

Ganz gleich, wo man sich umhört, ob in den Großkonzernen, im Mittelstand, in Agenturen oder Start-ups: Das Finden und Einstellen von Talenten ist das Top-Thema. Durch den demografischen und kulturellen Wandel und die Auswirkungen der Pandemie spitzt sich die Lage weiter zu. Allen ist klar: Um auch künftig erfolgreich zu sein, benötigen wir heute die richtigen Mitarbeiter:innen. New Hiring wird endgültig zum strategischen Erfolgsfaktor — und zu einem Thema für das ganze Unternehmen.

Dieses Buch hat hoffentlich nachvollziehbar beschrieben, worauf es bei einem zukunftsfähigen und nachhaltig erfolgreichen Recruiting ankommt: Um die konsequente Ausrichtung am Menschen als Individuum, an seinen Wünschen und Bedürfnissen.

Talente sind immer weniger bereit, ein Arbeitsumfeld zu akzeptieren, das nicht zu ihnen passt. Selbstbestimmtes Arbeiten, Augenhöhe, flexible Arbeitszeiten sowie eine offene, von Vertrauen, Respekt und Wertschätzung geprägte Kommunikation sind kein Nice-to-Have mehr, sondern werden eingefordert. Die Arbeit und die Unternehmenskultur müssen zum Individuum passen, sonst wird gewechselt. Die Chancen, schnell eine:n neue:n und möglicherweise attraktivere:n Arbeitgeber:in zu finden, sind nämlich sehr hoch.

Wir sehen: Erfolgreiches Recruiting bedeutet dabei mehr als nur das Auswerten von Daten und Zahlen. Recruiter:innen müssen potenzielle Bewerber:innen als Individuen behandeln und sich an ihren Bedürfnissen orientieren. New Hiring ist die Antwort auf die

Herausforderungen der neuen Zeit. Dabei geht es weit über den Bewerbungsprozess hinaus. Es geht auch um faire Vergütung und um ein Leadership-Team, das auf Basis offener Kommunikation und Vertrauen agiert. Eine Schlüsselrolle kommt daher den Führungskräften zu. Denn wir wissen, dass sich viele Talente nicht nur für den Job und das Unternehmen entscheiden, sondern auch ganz konkret für ihre zukünftige Führungskraft.

Wir sehen auch: Eine Schlüsselrolle kommt im New Hiring dem Einsatz digitaler Hilfsmittel zu. Intelligente Software, Automation und eine smarte Datenauswertung ermöglichen es uns, schneller zu reagieren, aber auch effizienter zu werden. Sie entlastet die HR von Fleißarbeiten und gibt ihr mehr Raum für die wichtigen Aufgaben – nämlich auf das Talent einzugehen und damit „the one and only" zu finden.

Kurzum: Cultural Fit, Werte, Technologie, Data-Driven Management und transparente Prozesse bilden das perfekte Rezept für die Zukunft. New Hiring bietet das Setting für eine erfolgreiche und nachhaltige Personalrekrutierung.

Dieses Buch ist ein Versprechen: Unternehmen, die den Menschen in den Mittelpunkt ihrer Personalarbeit stellen, werden im Wettbewerb um die dringend benötigten Fachkräfte künftig die Nase vorne haben. Sie werden es nicht einfach, aber doch einfacher haben, wenn es darum geht, Mitarbeiter:innen für sich zu gewinnen und zu halten.

Quellenverzeichnis

Vorwort: Warum wir eine Evolution im Recruiting brauchen

Forsa. (2022a, Januar). *Online-Umfrage im Auftrag von XING E-Recruiting.*

Institut der deutschen Wirtschaft. (2021). *Bye-bye Baby-Boomer – Wie wir unseren Wohlstand in Zukunft sichern.* https://www.iwkoeln.de/presse/presseveranstaltungen/knut-bergmann-bye-bye-babyboomer-wie-wir-unseren-wohlstand-in-zukunft-sichern.html

New Hiring: Culture

1. Think forward: Aus New Work entspringt New Hiring

Forsa. (2022b). *Studie im Auftrag von XING E-Recruiting zur Wechselbereitschaft von Arbeitnehmerinnen und Arbeitnehmern in Deutschland, Österreich und der Schweiz.* https://www.new-work.se/de/newsroom/pressemitteilungen/2022-xing-studie-jeder-vierte-kuendigt-job-ohne-neue-stelle-in-aussicht%20zu%20haben

XING E-Recruiting. (2021a). *Datenanalyse Time-to-Hire, 2021.* https://recruiting.xing.com/de/wissen-veranstaltungen/wissen

/mitarbeitersuche/response-rate-von-ueber-40-prozent-mit-diesen#3466

XING E-Recruiting. (2021b). *Werte im Wandel.* Whitepaper. https://recruiting.xing.com/de/wissen-veranstaltungen/wissen/mitarbeitersuche/time-hire-warum-diese-eine-kennzahl-alles-ueber-ihr

3. Heartbeat: Employer Branding als Herzstück

Chamberlain, Andrew. (2015, 12.8.). Why Interview Sources Matter in Hiring: Exploring Glassdoor Interviews Data. *Glassdoor Economic Research.* https://www.glassdoor.com/research/interview-sources/

Duke, Sarah. (2022). *10 Employee Referral Program Fast Facts.* recruiter.com. https://www.recruiter.com/i/10-employee-referral-program-fast-facts

Hyman, Jeff. (2019, 30. Januar). *Let's Toast The Holy Grail Of Hiring.* Forbes. https://www.forbes.com/sites/jeffhyman/2019/01/30/grail/?sh=5514300c1ad5

Toolbox. (2021). *3 Reasons Why Referrals are the Way Forward for Recruitment in 2018.* https://www.toolbox.com/hr/recruitment-onboarding/articles/3-reasons-why-referrals-are-the-way-forward-for-recruitment-in-2018/

Trendence Institut. (2022). *Mitarbeiterbewertungen als Prüfsiegel für Arbeitgeber.* PresseBox. https://www.pressebox.de/pressemitteilung/trendence-institut-gmbh/Mitarbeiterbewertungen-als-Pruefsiegel-fuer-Arbeitgeber/boxid/1097641

4. Live it: Neue Unternehmenskultur

Arnold, Sophie H., McAuliffe, Katherine, Boston College (2021). *Children Show a Gender Gap in Negotiation*, Psychological Science. https://journals.sagepub.com/doi/10.1177/0956797620965544

Bennedsen, Morten et al. (2019). *Do Firms Respond to Gender Pay Gap Transparency?* National Bureau of Economic Research, Working Paper 25435. https://www.nber.org/system/files/working_papers/w25435/w25435.pdf

Forsa. (2020, Dezember). *Online-Umfrage im Auftrag von XING E-Recruiting.*

McKinsey. (2020, 19.5.). Diversity wins: How inclusion matters. https://www.mckinsey.com/featured-insights/diversity-and-inclusion/diversity-wins-how-inclusion-matters

Schultz, Howard. (keine Zeitangabe). Deutsche Übersetzung eines Zitats, gefunden auf https://www.thebalancesmb.com/starbucks-ceo-howard-schultz-quotes-2892159.

Statistisches Bundesamt. (2022a, 7.3.). Gender Pay Gap 2021: Frauen verdienten pro Stunde weiterhin 18Prozent weniger als Männer. Pressemitteilung Nr. 088. https://www.destatis.de/DE/Presse/Pressemitteilungen/2022/03/PD22_088_621.html

Stepstone. (2020). Wie vielfältig die Arbeitswelt wirklich ist. https://www.stepstone.de/wissen/diversity/

truffls. (2020). *Diversity-Studie*. https://truffls.de/de/presse/mitteilungen/2020-07-15

5. New Plus: Benefits im New Hiring

Der Standard. (2020). *Durch Automatisierung sollen 97 Millionen neue Jobs entstehen*. Der Standard. https://www.derstandard.de/story/2000121092901/durch-automatisierung-sollen-97-millionen-neue-jobs-entstehen

New Hiring: Role Play

6. New Leadership: Die neue Rolle der Führungskraft

Forsa. (2022b). *Studie im Auftrag von XING E-Recruiting zur Wechselbereitschaft von Arbeitnehmerinnen und Arbeitnehmern in Deutschland, Österreich und der Schweiz.*

https://www.new-work.se/de/newsroom/pressemitteilungen/2022-xing-studie-jeder-vierte-kuendigt-job-ohne-neue-stelle-in-aussicht%20zu%20haben

Haas, Christine. (2021, 23.10.). Bundesweit werden 1,2 Millionen Arbeitskräfte gesucht. Welt. https://www.welt.de/wirtschaft/article234578098/Personalmangel-Bundesweit-1-2-Millionen-Arbeitskraefte-gesucht.html

Nicolai, Birger. (2022, 28.02.). *Kündigungsgrund Chef – Die größten Fehler deutscher Führungskräfte.* Welt. https://www.welt.de/wirtschaft/karriere/article206192647/Mitarbeiterzufriedenheit-Nur-jeder-zweite-Deutsche-geht-gern-zur-Arbeit.html?wtrid=onsite.onsitesearch

7. New Recruitment: Die neue Rolle der Recruiter:innen

Adecco. (2022, 13.4.). *Cost of Vacancy – auch unbesetzte Stellen werden teuer*. Adecco. https://www.adecco.ch/de-ch/blog//cost-of-vacancy-%E2%80%93-auch-unbesetzte-stellen-werden-teuer

Bertelsmann-Stiftung. (2019). *Arbeitsmarktstudie.* zeit.de. https://www.zeit.de/wirtschaft/2019-02/zuwanderung-arbeitsmarkt-eu-laender-bevoelkerung-deutschland?

Crainer, Stuart & Dearlove, Des. (2004). *Financial Times Handbook of Management*. Seite 229. Financial Times

Prentice Hall. Zitat von Frederick Herzberg übernommen von: https://en.wikiquote.org/wiki/Frederick_Herzberg

Hennerfeind, Peter et al. (2020). *Soziale Aspekte der Führung*. Zitat von Peter Schutz auf S. 259. Springer.

Softgarden. (2020). *Candidate Experience 2020*. Softgarden. https://softgarden.com/de/studie/teil-1-candidate-experience-2020/

Statistisches Bundesamt. (2022b). *Gehaltsvergleich*. https://service.destatis.de/DE/gehaltsvergleich/index.html

XING E-Recruiting. (2018). *Time-to-Hire — Warum diese eine Kennzahl alles über Ihr Recruiting aussagt*. https://recruiting.xing.com/de/wissen-veranstaltungen/wissen/mitarbeitersuche/time-hire-warum-diese-eine-kennzahl-alles-ueber-ihr

8. Brand new: Die Rolle des Personal Brandings

Institute for the Future. (2018). *Future Skills*. https://www.iftf.org/fileadmin/user_upload/futureskills/downloads/IFTF_FutureSkills_Map.pdf

Zayats, Marina. (2020). *Digital Personal Branding. Über den Mut, sichtbar zu sein. Ein Guide für Menschen und Unternehmen*. Springer.

9. Rethink: Personalberater:innen als Vorbild

BDU e.V. (2021). *Personalberater wollen 2021 zweistellig wachsen*. BDU. https://www.bdu.de/news/personalberater-wollen-2021-zweistellig-wachsen/

Kienbaum, Jochen. (Datum unbekannt). *5 Thesen zur Zukunft der Personalberatung*. BDU. https://www.bdu.de/fachthemenportal/personalsuche/5-thesen-zur-zukunft-der-personalberatung/

Statista. (2019). *Anzahl der Personalberatungsunternehmen in Deutschland von 2008 bis 2019*. https://de.statista.com/statistik/daten/studie/261485/umfrage/anzahl-der-personalberatungsfirmen-in-deutschland/

Exkurs: Recruiting is like Dating <3

Athanas, Christoph & Wald, Peter. (2014). *Candidate Experience Studie 2014*. https://www.metahr.de/downloads/candidate-experience-studie-2014/.

BITKOM. (2021, 16.4.). *Presseinformation: Arbeitgeberbewertungen im Netz beeinflussen Job-Wahl*. BITKOM. https://www.bitkom.org/Presse/Presseinformation/Arbeitgeberbewertungen-im-Netz-beeinflussen-Job-Wahl

Mesmer, Alexandra. (2017, 29.9.). *Was Informatiker vom ersten Arbeitgeber erwarten*. CIO. https://www.cio.de/a/was-informatiker-vom-ersten-arbeitgeber-erwarten,3563132

Weitzel, Tim et al. (2020). *Social Recruiting und Active Sourcing*. Universität Bamberg.

New Hiring: Toolbox

11. Constant Contact: Die Bedeutung des Active Sourcing

Schmidt, Birte. (2021). Sechs Regeln für den Reminder in der Active Recruiting Kommunikation. https://recruiting.xing.com/en/node/391

Steenbock, Julia. (2022). *Die Bedeutung von Active Sourcing für New Hiring. XING E-Recruiting*. https://recruiting.xing.com/de/wissen-veranstaltungen/wissen/new-hiring/die-bedeutung-von-active-sourcing-fuer-new-hiring#_ftn1

13. Operating System: Neue Technologien und Tools

Gabler Wirtschaftslexikon. (2018). Springer.

14. Measurements: KPIs und Daten

Trend Report - Report und Zeitung für moderne Wissenschaft. (2020). *HR-Studie 2020: Wie digital ist Personalarbeit?* https://www.trendreport.de/hr-studie-2020-wie-digital-ist-die-personalarbeit/

XING E-Recruiting. (2021b). *Werte im Wandel.* Whitepaper. https://recruiting.xing.com/de/wissen-veranstaltungen/wissen/mitarbeitersuche/time-hire-warum-diese-eine-kennzahl-alles-ueber-ihr

15. Praxis-Tipps für die New Hiring Reise

Kerr, Miranda (2016, 24.2.). Zitat in *Love Letters: Miranda Tells All. Interview with Terry Richardson.* https://www.harpersbazaar.com/fashion/models/a14054/miranda-kerr-0316/

Softgarden. (2020). *Candidate Experience 2020.* https://softgarden.com/de/studie/teil-1-candidate-experience-2020/

Glossar

Active Recruiting
Recruiting, bei dem Unternehmen nicht auf Bewerbungen warten, sondern selbst aktiv auf potenzielle Mitarbeiter:innen zugehen, um so auch die zu erreichen, die gerade gezielt suchen.

Active Sourcing
Gezielt nach passenden Talenten suchen und diese proaktiv ansprechen, persönliche Kontakte bilden und einen Pool aufbauen.

Analytics-Technologien
Unterstützen durch Datenanalyse den Prozess des Zusammenbringens von Stellenangeboten und passenden Kandidat:innen.

ATS-Systeme
Applicant Tracking System: Die wichtigsten Aufgaben eines ATS ist die Erstellung und Publikation von Ausschreibungen sowie die Suche und Platzierung von Talenten. In dieser Software kann das Unternehmen den kompletten Recruiting-Prozess abbilden, messen und steuern.

Bewerber:innen-Management
Umfasst den Prozess von der Ausschreibung einer Stelle über die Verwaltung bis hin zur endgültigen Personalauswahl und den Aufbau eines Bewerber:innen-Pools.

Candidate Experience

Als Candidate Experience gelten alle Wahrnehmungen und Erfahrungen, die ein:e Bewerber:in während der Kontakt- und Bewerbungsphase mit einem Unternehmen sammelt. Dazu zählen sämtliche Berührungspunkte wie Website und Vorstellungsgespräche.

Candidate Fit

Das Passen von Bewerber:innen zu einem Unternehmen.

Candidate Journey

Weg, welcher ein:e Bewerber:in zurücklegt, bis er/sie Mitarbeiter:in Ihres Unternehmens wird, also vom Entdecken eines Stellenangebots bis hin zum ersten Arbeitstages.

Collaboration-Tools

Lösungen für die digitale Zusammenarbeit.

Conversion Rate

Die Conversion Rate (CRV) bezeichnet im Online-Marketing die Anzahl der Besucher:innen einer Website im Verhältnis zum erreichten Ziels, beispielsweise die Anzahl der Kontaktaufnahmen oder der Einsendung einer Bewerbung.

Cost-per-lead

Abrechnungsmethode im E-Commerce. Dabei werden die Werbepartner:innen zumeist auf Basis von gewonnenen Kontaktadressen (Leads) vergütet.

Cost-per-Hire

Allgemeine Kosten für eine einzige Einstellung.

Cost-of-Vacancy

Kosten, die durch Personallücken verursachte Ausfälle entstehen.

Cultural Fit

Das Passen von Bewerber:innen zu einem Unternehmen in organisationskultureller Hinsicht.

Data Analytics und Reporting

Gewinnen von Erkenntnissen aus Daten und ihre Bereitstellung. Der Begriff umfasst dabei sämtliche Prozesse, Werkzeuge und Techniken, die zu diesem Zweck zum Einsatz kommen, sowie das Sammeln, Organisieren und Speichern der Daten.

Data Insights

Auf Daten basierende Einsichten über Themen oder Zusammenhänge.

DSGVO

Datenschutz-Grundverordnung, Regeln zur Verarbeitung personenbezogener Daten.

Due Diligence

Eine Due-Diligence-Prüfung, entsprechend dem englischen Rechts- und Geschäftsjargon oft verkürzt zu Due Diligence (DD), ist eine *sorgfältige Prüfung*.

Employer Branding

Strategien der Personal- und Marketing-Abteilungen eines Unternehmens, die den Aufbau einer positiven Arbeitgeber:innenmarke fördert. Es umfasst alle Maßnahmen, um sich als attraktive:r Arbeitgeber:in zu positionieren, Besonderheiten und Vorteile für Mitarbeiter:innen zu präsentieren und so Talente zu überzeugen.

---

hybrides Arbeiten / Hybrid Work

Mix aus analoger und virtueller Arbeit bzw. wechselndem Arbeiten zwischen Büro und Home-Office.

Incentivierung

Ableitung aus dem englischen Wort für Anreiz/Ansporn. In der Arbeitswelt handelt es sich dabei um Zusatzleistungen des Arbeitgeber:innen, die das Ziel haben, die Motivation bzw. die Leistungsbereitschaft von Mitarbeiter:innen positiv zu beeinflussen.

Job Enrichment

Die qualitative Erweiterung des Aufgabenspektrums von Mitarbeiter:innen durch Übertragung zusätzlicher Tasks, die mit höheren Anforderungen an die Person und ihre Fachkenntnis verbunden sind.

Mitarbeiter:innenretention

Die Bindung von Mitarbeiter:innen an das Unternehmen durch positive Maßnahmen und Instrumente, Ableitung aus dem englischen Wort für Beibehaltung.

New Hiring

New Hiring (abgeleitet vom englischen „to hire“, zu Deutsch „einstellen“) ist die Recruiting-Antwort auf New Work. Der moderne Recruiting-Ansatz verbindet menschliche Expertise, Technologie und Daten – über den gesamten Recruiting-Prozess und sämtliche Recruiting-Disziplinen hinweg.

New Pay

Ein Prinzip der variablen Vergütung, die Unternehmen individuell festlegen. Die Palette der Ansätze reicht vom Einheitsgehalt über transparente Gehaltsverhandlungen und Gehaltsformeln bis hin zum Wunschgehalt oder selbstgewählten Gehalt.

On- und Offboarding

Onboarding: Einarbeitung und zielgerichtete Integration neuer Mitarbeiter:innen in ein Unternehmen.

Offboarding: professionell organisierter Austritt einer/eines Mitarbeiter:in aus einem Unternehmen.

Overhead

dt. Überkopf, Begriff für Gemeinkosten eines Unternehmens sowie allgemeinen Mehraufwand, der oft nicht mit der direkten Wertschöpfung an den Kund:innen zu tun hat.

Passive Recruiting

Erstellen und Posten von Stellenanzeigen auf diversen Plattformen.

PJA (Programmatic Job Advertising)

Die Disziplin, Stellenanzeigen im Internet über programmatische Systeme den passenden Zielgruppen auszuspielen, um Traffic und Bewerbungen zu generieren.

Post & Pray

Abgeleitet von „Veröffentlichen & beten“: Schaltung von Stellenanzeigen und dann das Hoffen und Warten, dass sich die richtigen Kandidat:innen melden.

Quick-Check
Quick-Check ist die schnelle Überprüfung und Analyse von Medien wie Datenbanken auf bestimmte Inhalte.

Recruiting Case
Abfragen von speziellen Fähigkeiten oder Fachwissen im Vorfeld eines Bewerbungsgesprächs.

Referral-Programme
Empfehlungsprogramme, mit denen Beschäftigte motiviert werden sollen, ihr Unternehmen weiterzuempfehlen, um so Talente zu rekrutieren.

Remote Onboarding
Einarbeitung und zielgerichtete Integration neuer Mitarbeiter:innen in ein Unternehmen aus dem Home-Office oder Remote über digitale Medien wie Zoom oder Teams.

Remote Work
Arbeit, die nicht an das Firmenbüro gebunden ist, sondern an einem beliebigen Ort mithilfe digitaler Medien stattfinden kann, in der Regel im eigenen Zuhause.

Remote-Angebote
Einarbeitung und zielgerichtete Integration neuer Mitarbeiter:innen in ein Unternehmen über digitale Medien.

Response Rate

Rücklaufquote für eine Kampagne oder aktive Ansprache von Kandidat:innen. Bei 100 angeschriebenen Kandidat:innen würden 37 Antworten in einer Response Rate von 37 Prozent enden.

SEO

Zu Deutsch „Suchmaschinenoptimierung" bezeichnet alle Maßnahmen, die die Platzierung einer Website in den organischen Suchergebnissen von Suchmaschinen wie Google verbessern und damit den Traffic steigern.

Service Level Agreement

Ein Service-Level-Agreement (SLA, deutsch Dienstleistungs-Güte-Vereinbarung) bezeichnet einen Rahmenvertrag bzw. die Schnittstelle zwischen Auftrageber:in und Dienstleister:in für wiederkehrende Dienstleistungen.

Smart Templating

Intelligente, anpassbare Vorlagen, z. B. für Newsletter, Stellenanzeigen oder Active Sourcing Ansprache.

Sparring

engl. to spar with someone „sich mit jemandem auseinandersetzen"; Sparringspartner:innen finden gemeinsam mit ihren Klient:innen eine Lösung für konkrete Aufgaben. Sie hinterfragen vorhandene Ideen und entwickeln sie weiter. Eine wichtige Rolle von Führungskräften, insbesondere im New Hiring.

Standup(-Meeting)
Ein Austausch zwischen mehreren Personen eines Unternehmens, das im Stehen und nicht im Sitzen erfolgt, wird als Standup-Meeting bezeichnet.

System Roll-Out
Einführung neuer (digitaler) Systeme und Lösungen in einer Organisation.

Talent Pooling
Datenbank oder Online-Plattform, bestehend aus Profilen von Bewerber:innen, Mitarbeiter:innen, Freiberufler:innen oder anderen externen Kontakten. Hierbei handelt es sich um ein Instrument des Personalwesens, das in erster Linie im Rahmen der Mitarbeiter:innenrekrutierung, des Active Sourcing und der Personalentwicklung zum Einsatz kommt.

Time-to-Hire
Benötigte Zeit für die Besetzung einer offenen Position.

Touchpoint
Touchpoint oder Point of Contact bezeichnet die Schnittstelle eines Unternehmens oder einer Marke zur Öffentlichkeit oder zu Kund:innen.

Workation
Verschmelzung von Urlaub und Arbeit. Mitarbeiter:innen reisen an einen Ort ihrer Wahl und verbinden dort Urlaub mit Arbeit.